場面別 でわかる！

「適切なケアマネジメント手法」活用ガイド

―国が推進する新スタンダードプロセスの実践―

株式会社日本総合研究所
齊木 大

第一法規

はじめに

　「適切なケアマネジメント手法」は、これまでに培われた各職種での知見をもとに、状況や疾患に応じて想定される支援内容を体系的に整理し、その必要性やその人にとって個別化された支援内容の検討に向けて多職種連携で掘り下げた情報収集を実践する方法です。

　視点の抜け漏れをなくすとともに、単なるサービス種別の編成に留まることなく、より具体的に掘り下げた視点でその人にあった支援内容を検討することで、個別化された支援を実現し、重度化を防止し生活の継続を支えようとするものです。

　本手法の検討は平成30年から開始され、多くの職種・職域の知見を集め、また多くの地域の協力を得て実証し、仕上がったものです。令和2年度までに「基本ケア」に加え、高齢者の要介護認定の原因疾患の上位である認知症、脳血管疾患、大腿骨頸部骨折の3つの疾患群、高齢者に罹患者数が多い心疾患、さらに誤嚥性肺炎の予防といった、疾患群や状態に応じて特に留意すべき視点を整理した「疾患別ケア」をとりまとめています。

　令和3年度介護報酬改定に向けた介護給付費分科会の審議報告において、本手法等の確実な実施が今後の課題として盛り込まれたことを受け、令和4年4月に厚生労働省から示された介護支援専門員養成研修（法定研修）のカリキュラム改訂案でも、本手法の考え方を盛り込むことが示されています。

　本書は、これまでの実証過程も踏まえ、この手法をケアマネジメントの実践場面で活用するための具体的なガイドとして作成したものです。本手法は情報量が膨大なので実践で使うにはためらう方も多くいらっしゃるかもしれませんが、本書が皆さんの実践での活用を考えるヒントになれば幸いです。

令和4年11月
株式会社日本総合研究所　齊木大

目　次

はじめに

導入 Step1
これからのケアマネジメントに期待されていること

MEMO

① なぜケアマネジメントが必要か？

　適切なケアマネジメント手法の活用方法を見ていく前に、まずケアマネジメントに何が期待されているのかを振り返ってみましょう。ケアマネジメントの定義はさまざまですが、ご本人が持つ自立した日常生活に向けての希望を十分に捉え、生活全般の状況を総合的に把握し、それらを踏まえて抽出するニーズに応じた支援やサービスを、一体的に組み立て調整する専門的な機能と呼ぶことができます。

　大切なことは、介護保険法の基本の理念を踏まえ、ご本人の尊厳を尊重し、目指す生活の実現あるいはその継続に資するような自立支援のための支援内容を組み立てていくこと、またそのために活用しうる地域のさまざまな資源を組み合わせて最大限活用することにあると考えられます。介護保険法や運営基準を改めて引くまでもなく、大切な基本理念である「尊厳の保持」と「自立支援」、そして地域包括ケアシステムの理念である「住み慣れた地域でできるだけ暮らし続ける」ことを支えること、そうした理念の実現のために、ケアマネジメントという専門的な機能、そしてそれを担うケアマネジャーという専門職が必要とされています。

　また、介護保険法における介護支援専門員の定義にあるように、介護支援専門員は、相談に応じてご本人の意向を捉えたうえで、適切なサービスを利用できるよう市町村、サービス事業者等との連絡調整等を行う者であって、要介護者等が自立した日常生活を営むのに必要な援助に関する専門的知識・技術を有するものです。

　これからの日本の各地域での高齢者の暮らしを展望すれば、

介護保険法第 7 条第 5 項

さらに高齢化率が高まると同時に、寿命の延伸に伴ってこれまで以上に、例えば90歳代、100歳代といったより高齢の方が地域で多く暮らすようになると見込まれます。ご高齢の方が増えることは、必然的に独居の世帯や認知症のある高齢者の世帯が増えることを意味します。

　今後の地域社会の人口や世帯の見通し、さらに地域共生社会の実現を目指すなかで、地域に暮らす高齢者がこれからも地域での暮らしを続けられるよう、これまで以上に前述したようなケアマネジメントの専門的機能が必要とされています。

② ケアマネジメントへの期待の広がり

　ケアマネジメントに求められる役割の１つに、ニーズに応じて地域のさまざまな資源を組み合わせて調整する機能があります。少し長いですが、介護保険法における居宅介護支援の定義を振り返ると、居宅要介護者が指定居宅サービス等の適切な利用等をすることができるよう、当該居宅要介護者の依頼を受けて、心身の状況、おかれている環境、当該居宅要介護者およびその家族の希望等を勘案し、居宅サービス計画を作成するとともに、当該居宅サービス計画に基づく指定居宅サービス等の提供が確保されるよう、サービス事業者等との連絡調整その他の便宜の提供を行い、当該居宅要介護者が介護保険施設等への入所を要する場合にあっては、介護保険施設等への紹介その他の便宜の提供を行うことをいうとなっています。

　つまり、在宅の事例を念頭におけば、ケアマネジャーの皆さんが日々業務で取り組まれているように、在宅で利用可能な介護給付サービスを中心に、サービスの編成・連絡調整とその給付管理が、ケアマネジャーに求められる役割としてまずありま

MEMO

介護保険法第８条第24項

す。それに加えて、医療など関連する他制度との連携や連絡調整も期待されています。これに加えて、近年では保険外サービス（生活支援サービス）や互助（地域で取り組むインフォーマルサポート）を把握し、ご本人がそれらを利用できるようにその情報を提供したり、利用の支援を図ったりすることについても、ケアマネジメントへの期待が広がっています。

さらに、こうした支援資源の調整だけでなく、認知機能の低下に伴う生活障害のある方や独居の方が増えることに伴って、ご本人の意思決定の支援にも注目が集まっています。意思決定の支援については、平成30年以降、厚生労働省からも複数のガイドラインが取りまとめられ公表されているように、意思決定支援のニーズの広がりとともに、ケアマネジャーもこれまで以上に意識しなければならないテーマとなっています。

また、家族等への支援の期待も忘れてはなりません。皆さんの記憶にも新しい「育児・介護休業法」（育児休業、介護休業等育児又は家族介護を行う労働者の福祉に関する法律）の改正に伴い、家族介護者に対する支援のなかでも地域で利用可能な資源に関する情報提供や相談支援といった機能について、ケアマネジャーにもその一翼を担うことが期待されています（図表1）。

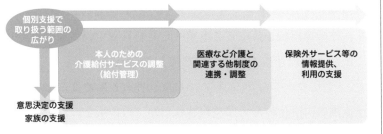

図表1：ケアマネジメントに期待される役割の広がり

個別支援で
取り扱う範囲の
広がり

本人のための
介護給付サービスの調整
（給付管理）

医療など介護と
関連する他制度の
連携・調整

保険外サービス等の
情報提供、
利用の支援

意思決定の支援
家族の支援

筆者作成

SCENE 0
導入

SCENE 1
自己点検

SCENE 2
OJT

SCENE 3
研修

SCENE 4
退院時カンファレンス

SCENE 5
サービス担当者会議

MEMO

　このようにケアマネジメントに期待される機能は、地域に暮らす高齢者の世帯の状況や制度や地域資源などの社会環境の変化とともに大きく広がってきています。ケアマネジャーから見ると「あれもこれも」期待されても、かなり忙しい業務のなかで応えきれないという気持ちになるかもしれませんが、日本全体で高齢化や世帯の縮小が進んでいく以上、地域に暮らす高齢者のニーズに応えられる体制を作ることは避けて通れません。

　そこで重要になるのが「多職種連携」です。言い換えれば、ケアマネジャーが1人で抱え込むことなく、たくさんの人と一緒に連携して取り組める体制を作り、連携してケアマネジメントプロセスを進めることです。しかし、有する専門的な知見の種類や内容、所属する事業所の環境など背景が異なる人と連携することは「言うは易し行うは難し」です。連携が難しい理由はさまざまですが、その大きな要因の1つが「なぜ、情報収集と共有をしなければならないか」の共有の難しさがあります。例えば情報の収集や共有について言えば、どのような情報をどのように捉えるかの認識を合わせたり、そうした情報をなぜ把握する必要があるのかの考え方を共有したりするのは、重要だけれども一筋縄ではいかない難しい課題だと思います。

　この課題を別の角度から見れば、ケアマネジャーが把握したい情報とその情報をなぜどのように把握したいかの「知見」を、他の専門職やサービス事業所と共有しやすいように整えることで多職種連携を円滑化できる可能性があるということです。「適切なケアマネジメント手法」は、まさにこうした多職種連携の円滑化のために整理された知見の体系なのです。

③ これからのケアマネジメントで特に期待されること

　①でも触れたように、今後の高齢者の世帯の状況が変わっていくなかで、これからのケアマネジメントには多くの役割を担うことが期待されています。なかでも、独居の方や認知機能低下のある方が増えることを念頭におけば、最も重要なご本人の意向を捉え意思決定を支援する役割への期待が、これまで以上に大きくなっていきます（図表2）。

図表2：ケアマネジメントの役割のうち、
これまで以上に特に期待される役割

本人や家族の支援
（相談援助と意思決定支援）

その人に合ったその人らしい暮らしの実現

上記を実現するための環境づくり
多職種連携

筆者作成

　また、地域包括ケアシステムの構築から地域共生社会へと目指す地域の姿が大きく広がっていくなかで、介護給付サービス

をはじめとするフォーマルサービスだけでなく、インフォーマルな地域資源が数多く生まれてきています。地域に暮らす高齢者の生活の意向や一人ひとりが大切にしているもの、地域での参加の機会はさまざまですから、それに応じていくにはその人らしい暮らしを実現するために、より幅広な支援や資源の組合せを考える役割への期待も大きくなっていきます。

　ただし、こうした取り組みをケアマネジャーが1人で奮闘しても限界があります。だからこそ、介護や医療に関わるサービス事業者や専門職はもちろん、介護や医療以外の地域のさまざまな担い手の方々とともに連携して環境づくりに取り組んでいく必要があります。ケアマネジャーには、地域のさまざまな人とのネットワークを広げるとともに、個別の事例でそうしたさまざまな人びととの連携体制を組み立てるよう取り組むことが期待されます。また、これからの地域づくりで、今後さらにどのような地域資源やその連携を作っていく必要があるのか、個別支援の実践を通じて感じ取る課題や視点を発信することも（特に主任介護支援専門員や地域包括支援センターなどの機関に勤める方には）期待されます。

MEMO

SCENE 1
自己点検

SCENE 2
OJT

SCENE 3
研修

SCENE 4
退院時カンファレンス

SCENE 5
サービス担当者会議

----

④ 【ミニワーク】「ケアマネジメントとは何か？」と問われたらどう答えますか

　突然ですが、ちょっとしたミニワークです。「ケアマネジメントとは何ですか？」、「ケアマネジメントって、要するにどんな役割や機能だと考えれば良いですか？」と聞かれたら、あなたならどう考え、答えますか？これを機に考えて、書き込んでみてください。

```

```

あなたなら、「ケアマネジメントとは何か」と
聞かれたらどう答えますか？
この機会に考えて、書いてみましょう

　団塊の世代が75歳以上となる令和7（2025）年がもうすぐであり、これから人口や世帯の構成が大きく変わっていくことが見通されるなか、ケアマネジメントへの期待もこれまで以上に幅広く、大きくなっています。さらに、地域で暮らす高齢者だけでなく、誰一人取り残さず、地域に暮らす人びとがともに支え合って暮らし続けられる「地域共生社会」の実現というコンセプトが示され、その実現に向けて地域づくりが進化していくなかで、多職種連携をより幅広く、より円滑に積極的に進める必要にも迫られています。

　こうした変化に応じてケアマネジメントおよびケアマネ

ジャーの役割も、当然、少しずつ変化していくことが見込まれます。このように大きく環境が変化するときは、専門職として地域に暮らす高齢者やその家族からどのような役割が期待されるのか、またそうした期待を踏まえて自分はどのような役割を担いたいのか、といったことを自分の意向としてまとめ、その考えを確認しておくことが大切です。

　自分が果たしたい役割を制度や外部から定められるのではなく、これまでの経験知を踏まえて自分なりに言葉にしてみる、そのような機会の1つとしてこのミニワークをご活用いただければ幸いです。

MEMO ◆

SCENE

0

導入 Step2
適切なケアマネジメント手法の概要

■「適切なケアマネジメント手法」の手引き（日本総合研究所、令和3年3月）

① 適切なケアマネジメント手法のねらい

　ここでは、適切なケアマネジメント手法（以下、本手法）の概要を見ていきます。実践的な活用に際して、まずはその概要を確認しておきましょう。なお、ここで紹介する内容は、「『適切なケアマネジメント手法』の手引き」の内容とも重なります。まだ手引きをご覧になったことがない方は、ぜひご覧ください。

　それではまず、本手法のねらいから確認していきましょう。本手法は、ケアマネジメントの職域で培われてきた知見を体系化し、例えば初任段階のケアマネジャーであっても一定水準以上のケアマネジメントが実践できるよう、多くの事例に共通する知見の部分を、根拠に基づいて整理したものです。ケアマネジメントに関わるさまざまな専門職域のそれぞれの分野の知見を体系的に整理しているので、他の専門職にも示しやすく、結果的に多職種連携の推進に役立つものとされています。

　つまり、本手法のねらいは多職種連携なのです。

　前述の「これからのケアマネジメントに期待されていること」でも示したように、世帯の構造の変化などを背景にケアマネジメントへの期待はこれからさらに幅広くなっていきます。そうしたなかで地域に暮らす高齢者の生活の継続を支えるには、ケアマネジャーが1人で奮闘するのではなく、さまざまな専門職やサービス事業所と連携することが不可欠です。そして、特に情報の収集や共有を円滑に行うには、どのような情報をなぜ把握・共有したいのかを言葉にして伝え、考え方や認識をすり合わせることが大切です。本手法はまさにそうした共有知として活用できるようにまとめられたものです（図表3）。

まずはケアマネジャーの皆さんが、これを知り活用できるようにするとともに、他の専門職やサービス事業所の方々など、多くの人に知ってもらい、多職種連携が円滑に実現するようお役立ていただきたいと思います。

図表3：これからのケアマネジメントに期待されていること

知見の平準化　　ケアマネジメントの質の向上　　多職種間の連携推進

筆者作成

② ベテランのケアマネジャーが考えていること

本手法の特徴の1つに、「想定される支援内容」に着目して知見を整理していることが挙げられます。多くの方は、ケアマネジメントを学ぶときに、先入観を持たずに状況を捉えることが大切であると教わった経験があると思います。虚心坦懐に情報を収集し、整理・分析してから課題を抽出する。そのうえで必要な支援内容を検討していきます。この考え方はもちろんその通りで、先入観を持ってしまうことで状況を捉えきれなくなってしまう恐れがあります。

したがって、情報を収集する前に想定される支援内容を考えることに抵抗を覚える方も多くいらっしゃるかもしれません。

しかし、本手法によって支援内容に"あたり"をつけること、支援の抜け漏れを防ぐことができます。では本手法における「想定される支援内容」というのはどういうことか見ていきましょう。

MEMO

　一例として、在宅高齢者のケアマネジメントにおける初回インテークを想像してください。初回の相談がくる経緯は、医療機関や地域包括支援センターあるいはサービス事業所、あるいはご本人やご家族が直接相談に訪れるなどさまざまなものがあるでしょう。ただ、どのような経緯でも、この時点では必ずしも詳細な情報は多く含まれておらず、相談の主訴やその方の生活の概要情報に留まるでしょう。

　ですから、インテークを受けて自身が担当すると決まったら、次にアセスメントの過程に入っていきます。アセスメントの過程には情報の収集、整理・分析、課題の抽出が含まれますから、まずは情報収集です。ここで知識と経験が豊富なベテランのケアマネジャーはインテークのときに聞いた概要情報に基づいて、「このような状況であれば、こうした情報を特に集める必要がある」、「こうした概況であれば、こうした支援内容の可能性を検討しておいた方が良いだろう」といったように、"あたり"をつけてから情報収集を始めることが多くあります（図表４）。

　つまり、情報を収集し始める前に、仮説を持つこと、そしてその仮説は知識と経験に基づく根拠のあるものであること、そうした考え方が知識・経験ともに豊富なベテランのケアマネジャーの動き方の特徴ということができます。

　本手法は、このように情報を収集し始める前の段階で、その事例の概要に応じて共通的に思い浮かべるべき仮説、"あたり"となりうる支援内容を、「想定される支援内容」と呼び、体系的に整理したものなのです。

図表４：ベテランのケアマネジャーがやっていること

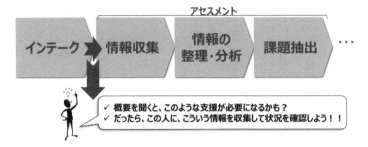

筆者作成

さて、仮説を持ってから情報を収集し始める考え方には、２つのメリットがあります。第１に、根拠のある知見に基づいて情報を収集し始めることで、効果的、効率的に情報収集が実施できる点です。もちろん、ここで想定する仮説が根拠に基づく妥当なものでなければ意味がありませんが、始めに聞いた概要に基づいて、どのような点に情報収集で気を配らなければならないのか、仮説を確かめるためにどの程度具体的な情報を収集すれば良いか、などを分かってから動くことは、限られた時間のなかで、その人の望む暮らしを支えるためのニーズを捉え、支援を組み立てるために必要な情報を効果的に収集することにつながります。

第２に、効率的な情報収集と関連しますが、より掘り下げた情報を収集することで、より個別的な検討が可能になります。つまり、かなり具体的なその人の希望やこれまでの経緯、生活の様子などの情報を把握することで、その人の暮らしに合った支援内容を検討しやすくなるわけです。

このように本手法は、より掘り下げた情報収集が個別化された支援内容の検討には重要であるとの考え方のもと、詳細な情

SCENE 1
自己点検

SCENE 2
OJT

SCENE 3
研修

SCENE 4
退院時カンファレンス

SCENE 5
サービス担当者会議

報収集を効率的に行うために、根拠のある仮説（あるいは"あたり"）を持ってから情報収集をするという考え方を採っています。この仮説こそ「想定される支援内容」であり、それらが体系的に整理されています。

③ ケアマネジャーが想定する支援内容の「抜け・漏れ」を少なくする

　前項では、適切なケアマネジメント手法が、ケアマネジャーがご本人の状況の概要を聞いた時点で、詳細な情報収集を始める前に仮説として想定すべき支援内容を、根拠に基づいて体系的に整理したものだということをご紹介しました。しかし、ある状況に対してケアマネジャーが仮説として想定する支援内容は、そのケアマネジャーの実務経験年数や背景にある基礎資格で培われた知見によってもばらつきがあるのが実際です。

　例えば、脳血管疾患があって退院し、在宅での生活に移る人の事例があった場合に、想定される支援内容の仮説として、ご本人の生活の意向を踏まえたうえでの用具や住宅の環境の支援の必要性、リハビリテーションの継続や通院の確保、服薬の支援の必要性などについては、多くのケアマネジャーが挙げると思います。一方、退院後の生活における「参加」のサポート、水分や栄養の摂取状況の確認とその支援の必要性、さらには大きな病気を経験したことに対する本人の受けとめ、つまり心理的な支援の必要性などの支援内容になると、これを仮説として挙げるケアマネジャーの数が少なくなります。つまり、ケアマネジャーが想定する支援内容にばらつきがあるわけです。

　実際にはアセスメントの過程を通じてさまざまな情報を収集・分析するなかで、仮説として挙げなかった支援の必要性に

ついても検討されることも多いですが、一方で、収集・分析した情報から課題を抽出することが難しいという指摘は、これまでの複数の調査でも共通して上位に挙げられるケアマネジメント実践上の課題です（図表５）。

図表５：誰もが想定する／想定する人が少ないこと＝ばらつきの要因

多くの人が想定する
支援内容

視点の抜け・漏れ
失念

想定する人が少ない
支援内容

ケアマネジャーによる"ばらつき"の要因
（※想定しえない支援は、必要性すら検討されにくい）

筆者作成

　さらに、アセスメントの過程からケアプラン原案を作成するまでにケアマネジャーがおかれている業務環境にも難しさがあります。事業所に所属するケアマネジャーの人数が多かったり、周囲にケアプラン原案を作る段階から相談できる他の専門職が多くいたりする環境であれば良いですが、そうでない環境で働くケアマネジャーはケアプラン原案を作成するまでの過程で他のケアマネジャーや専門職の意見を聞くことが困難です。サービス担当者会議が、ケアプラン原案をもとに多様な視点から支援の必要性を検討する機会とされますが、ケアプラン原案に位置付けられていない視点やニーズを、サービス担当者会議で追加するのは、現実的には行いにくいのが実際ではないでしょうか。
　つまり、担当のケアマネジャーがケアプラン原案を作る段階

SCENE 0
導入

SCENE 1
自己点検

SCENE 2
OJT

SCENE 3
研修

SCENE 4
退院時カンファレンス

SCENE 5
サービス担当者会議

MEMO

で、視点の抜け漏れがあると、そのままケアプラン原案が作成され、成案化してしまう恐れが大きいということです。したがって、ケアマネジメントの質の底上げを図るためには、ケアマネジャーが働く環境、特にケアプラン原案を作成する過程で柔軟に他のケアマネジャーや他の専門職などに相談できる環境を整えるか、あるいはケアマネジャーが仮説として思い浮かべる視点の抜け漏れを小さくできるよう知見を充実させるか、その両方の取り組みが必要です。本手法は後者で求められる知見を体系的にまとめたものであるとともに、前者つまり他の専門職などに相談しやすい環境が整った場合でも、相互のコミュニケーションを円滑にするための「共通言語」として活用できる知見となっています。

なお、こうした知見を既に十分にお持ちのベテランのケアマネジャーであっても、人間ですから、たまには「ついうっかり」視点の抜け漏れがあることもあります。したがって、定期的に自分の実践を振り返り、視点の抜け漏れがないかを確認しておくことも大切です。

④ 適切なケアマネジメント手法の内容

ここまでに、本手法は、「情報収集に入る前に仮説を持つうえで必要な知見を、根拠に基づいて体系的に整理したものである」ことを見てきました。そして、本手法はこうした知見の体系であるとともに、それらの知見に基づいて行われる情報収集の実践も含めた取り組みとして捉えることができます。そして、情報収集に際しては、他の専門職やサービス事業所と協働して実践することが大切であり、本手法はそうした多職種連携を円滑に推進するための「共通言語」として活用できるものと

なっています。

　つまり、本手法はケアマネジャーが活用できる仮説の知見であるとともに、それを活用して個別的に、かつ掘り下げた情報の収集・共有を多職種連携で実践する考え方およびそのための知見ということができます（図表6）。具体的な内容は後ほどご紹介しますが、仮説として持つべき想定される支援内容の体系は、すべての事例に共通する基本的な内容と、疾患に応じて特に留意すべき視点をまとめた疾患別の内容で構成されます。そして何より、こうした情報収集をケアマネジャー1人で抱え込まずに、他のサービス事業所あるいは他の専門職とともに取り組むのが重要だということを、改めて強調しておきたいと思います。

図表6：適切なケアマネジメント手法の内容

適切なケアマネジメント手法

体系的な知識
- 「想定される支援内容」
- アセスメント/モニタリングで収集すべき情報項目

情報の収集・共有
- "あたり"を持った情報収集
- ケアチームのメンバー、他の専門職との情報共有

筆者作成

　なお、体系的な知識と呼んでいるもののなかには「想定される支援内容」と、その必要性や概要、そして支援内容の要否や個別化を検討するために収集すべき情報項目（アセスメント／モニタリング項目）が含まれます（図表7）。本手法の概要版（項目一覧）では、想定される支援内容の概要とともに、そうした支援をなぜ検討する必要があるかも併せて整理されている

■「適切なケアマネジメント手法」に関連する事業の成果物一覧（日本総合研究所WEBページ）

ので、理解を深める際のガイドとして一読いただきたいと思います。

図表 7 ：適切なケアマネジメント手法の体系的な知識

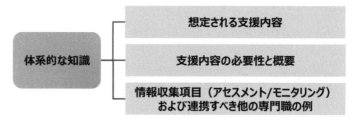

筆者作成

⑤ 「想定される支援内容」をそのままケアプランに使わない

　何度も触れた「想定される支援内容」ですが、その内容を見ていただくと分かるように、いくぶん抽象的な表現になっています。これはあくまでも仮説であり、情報収集に入る前に想定しておくべき視点として示したものですから、この表現をそのままケアプランの支援内容として位置付けて使うことを意図していません。あくまでも仮説であり、この視点に基づいて情報の収集、整理・分析をし、その人の状況にあった具体的な支援内容へと掘り下げていくように活用してください。

　1つの例を挙げると、基本ケアの想定される支援内容の1つに「継続的な服薬管理の支援」というものがあります。皆さんもお分かりの通り、服薬管理の支援と一口に言っても、その人の状態や世帯の介護者の状況によっても、具体的な支援内容はさまざまです。例えば、どの薬をいつどのように飲めば良いか分からないといった薬の理解が課題なのか、保管の仕方が課題なのか、あるいは準備をして口に入れて水を飲むという服薬の

行為に対する支援が必要なのか、それぞれによって具体的な支援内容が変わるのが容易に想像できると思います。

このように、想定される支援内容は仮説として持ちつつも、情報収集を通じて把握される状況に基づいて個別化を検討し、その内容をケアプランの支援内容に反映する、こうした関係にあるのです。想定される支援内容の表現をそのままケアプランに書くといったものではないということを、改めてご確認ください（図表8）。

図表8：想定される支援内容とケアプランの関係

筆者作成

⑥ これまでの実践と何が違うのか

本手法を活用すると、これまでのケアマネジメントプロセスの実践とどう違うのか、と疑問に思う方も多くいらっしゃるのではないでしょうか。しかし基本的には、これまでのケアマネジメントプロセスと比べて、何かが大きく変わるということはありません。

ただし、本手法を活用することで、次のような2つの点での考え方を実践できます。第1に、アセスメント過程の情報の収集に動く前に、仮説（あるいは"あたり"）をつける点です。

担当する人の状況の概要に応じた仮説、想定される支援内容を思い描いてから必要な情報収集を実践するという点において、これまでの取り組みと比べて特徴があると言えるでしょう。

　第2に、多職種連携によって情報の収集・整理、分析を進めることを、より意識している点です。情報の収集をケアマネジャーが1人で抱え込むのではなく、他のサービス事業所や他の職種と連携して実施し、同時に、情報収集をしながらどういう支援内容がご本人やご家族にとって必要か、具体的にはどうすれば良いかを検討する考え方です。この点も特徴の1つと言えます。もちろんこの考え方は初回のアセスメントだけでなく、再アセスメントでも共通ですから、既にケアプランが確定して支援が始まっている事例でも、次のケアプランの見直しに備えて、多職種連携による情報の収集・共有を実践する意味があります。

　なお、本手法は、ケアプランの画一化を目指したものではないかという疑問が寄せられることもあります。しかし、これは全く当てはまりません。既にここまでに見てきたように、想定される支援内容は仮説ですから、その後の情報収集やその整理・分析を通じて必要性や具体的な内容を判断すべきものです。本手法がねらいとしているのは、仮説である想定される支援内容について、根拠に基づいて体系的な知識をケアマネジャーが獲得できるようにすることであって、ケアプランを画一化するものではありません。

⑦ 基本ケアと疾患別ケア

　それでは、ここからは本手法の内容と、その構造について見ていきましょう。

本手法は、基本ケアと疾患別ケアの２つで構成されています。基本ケアとは、疾病や状態に関わらず共通して検討すべき視点が含まれます。具体的には、加齢に伴う機能・生理の変化に関連して、その必要性を知っておくべき「想定される支援内容」が含まれます。一方、疾患別ケアとは、疾患に応じて特に留意すべき視点、想定される支援内容が含まれます。基本ケアを前提として疾患別ケアが組み立てられていますから、まずは基本ケアを押さえることが大切です（図表９）。

図表９：基本ケアと疾患別ケアの構造

疾患別ケア
（疾患に応じて特に留意すべき詳細の内容）

基本ケア
（高齢者の機能・生理）

基本ケアを押さえたうえで
疾患別のケアを押さえる

疾患や状態によらず、
共通して重視すべき事項

出典：「『適切なケアマネジメント手法』の手引き」（日本総合研究所、令和３年３月）

改めて確認いただきたいのは、本手法で最も重要なのは基本ケアであることです。本手法において基本ケアとは、生活の基盤を整えるための基礎的な視点であり、介護保険法の基本的な理念である尊厳の保持と自立支援を踏まえ、現在の生活をできるだけ計測できるようにするための支援内容として位置付けられ、整理されています。つまり、ご本人に疾患が複数ある場合でも、反対に疾患がない場合でも共通して、その必要性を意識し検討すべき視点が含まれています（図表10）。

SCENE 0 導入

SCENE 1 自己点検

SCENE 2 OJT

SCENE 3 研修

SCENE 4 退院時カンファレンス

SCENE 5 サービス担当者会議

図表10：介護保険法の理念をふまえた支援

尊厳の保持と自立支援
現在の生活の継続

尊厳を重視した意思決定の支援	これまでの生活の尊重と継続の支援	家族等への支援

筆者作成

　さて、要介護高齢者の場合、疾患を複数持っている人も多くいらっしゃいます。このような場合に、疾患別ケアをどう組み合わせて使えば良いのか迷うこともあるかもしれません。このように迷う場合は、まずは一度基本ケアに立ち戻り、視点の抜け漏れがないか、その視点に応じて掘り下げた情報収集を実施し、支援の必要性やその内容を検討できているかを考えることが大切です。

　なお、基本ケアに位置付けられる「想定される支援内容」も、あくまで仮説です。したがって、必ずしもこの支援内容をすべてケアプランに位置付けなければならないということは全くありません。当然、基本ケアに挙げられている支援内容をすべて実施しなければならないものでもありません。あくまでも仮説ですから、その人やご家族の状況等に応じてその必要性を判断すべきものです。想定される支援内容が、ケアプランの支援内容には位置付けされないことも当然あり得ます。このように、本手法では、仮説は示していますがケアありきで考えるものではないということを、間違いなく捉えるようにしてください。

⑧ 　基本ケアの内容

　次に基本ケアに含まれる内容を見ていきましょう。基本ケア

SCENE 0 導入

SCENE 1 自己点検

SCENE 2 OJT

SCENE 3 研修

SCENE 4 退院時カンファレンス

SCENE 5 サービス担当者会議

には図表11に示す内容が含まれています。ここでは、中項目
までを参照していますが、この中項目の下にさらに「想定され
る支援内容」が位置付けられています。想定される支援内容に
ついては、基本ケアの項目一覧をご参照ください（p94～110）。

MEMO✎

図表11：基本ケアの主な内容

基本方針	大項目	中項目
尊厳を重視した意思決定の支援	現在の全体像の把握と生活上の将来予測、備え	疾病や心身状態の理解
		現在の生活の全体像の把握
		目指す生活を踏まえたリスクの予測
		緊急時の対応のための備え
	意思決定過程の支援	本人の意思を捉える支援
		意思の表明の支援と尊重
		意思決定支援体制の整備
		将来の生活の見通しを立てることの支援
これまでの生活の尊重と継続の支援	予測に基づく心身機能の維持・向上、フレイルや重度化の予防の支援	水分と栄養を摂ることの支援
		継続的な受診と服薬の支援
		継続的な自己管理の支援
		心身機能の維持・向上の支援
		感染予防の支援
	日常的な生活の継続の支援	生活リズムを整える支援
		食事の支援
		暮らしやすい環境の保持、入浴や排泄の支援
	家事・コミュニティでの役割の維持あるいは獲得の支援	喜びや楽しみ、強みを引き出し高める支援
		コミュニケーションの支援
		家庭内での役割を整えることの支援
		コミュニティでの役割を整えることの支援
家族等への支援	家族等への支援	支援を必要とする家族等への対応
		家族等の理解者を増やす支援
	ケアに参画するひとへの支援	本人をとりまく支援体制の整備
		同意してケアに参画するひとへの支援

出典：「『適切なケアマネジメント手法』の手引き」（日本総合研究所、令和３年３月）

基本ケアの内容を見るうえでまず大切なのは、表の１番左の
列に示されている「基本方針」です。基本ケアでは「尊厳を重
視した意思決定の支援」、「これまでの生活の尊重と継続の支

援」、「家族等への支援」の３つです。すぐに気づく方もいらっしゃると思いますが、これら３つの視点はいずれも介護保険制度や地域包括ケアシステムの基本理念に関わる、重要かつ基礎的な考え方です。

　では、これら３つの基本的な考え方を具体的に実現していくにはどうすれば良いでしょうか。こうした観点で、基本方針を具体的に掘り下げて展開したものが大項目、そして中項目です。例えば、基本方針の１つ目にある、「尊厳を重視した意思決定の支援」について見ると、これを実現するために本手法の整理では、「現在の全体像の把握と生活上の将来予測、備え」、「意思決定過程の支援」の２つの大項目に整理しています。これは、ご本人の尊厳を重視した意思決定を支援するには、まずはその人の生活の全体像を捉えることが重要であり、そのうえで意思決定過程を支援していくことが重要だとの考え方に基づいています。ここで、その人の生活の全体像を捉えるとしていますが、ここには当然、現在のご本人や家族の意向も含みますし、現在の状況だけでなくこれまでの生活を捉えること、さらにこれからの生活に対する思い、そうした生活を見通した場合の将来予測が含まれます。このようにしっかりとご本人の意向や暮らしの全体像を把握したうえで意思決定過程を支援する、こうした２つの領域での支援を必要に応じて組み合わせることで、尊厳を重視した意思決定の支援を実現しようという構成になっています。

　しかし、大項目の内容も、日常的な支援内容を考えるには、まだ抽象的です。そこで、大項目の内容を具体的にどのように実現していくのかをさらに具体的に掘り下げているのが中項目です。例えば、大項目の１つ目の「現在の全体像の把握と生活

上の将来予測、備え」を実現するために、ここでは中項目に4つの視点、「疾病や心身状態の理解」、「現在の生活の全体像の把握」、「目指す生活を踏まえたリスクの予測」、「緊急時の対応のための備え」が位置付けられています。これはつまり、現在の状況を把握し、これからの生活の希望とそれに基づく将来予測をするにあたり、まずは疾病や心身状態を捉え、そして生活全体を捉え、そのうえで目指す生活を踏まえたリスクを予測するということです。そしてさらに、この先の変化を見据え、緊急時の対応の備えもしておくというような考え方になっています。このように、中項目まで見ていくと、この下に位置付けられる「想定される支援内容」がようやく想像できるのではないでしょうか。

　以下、同じように2つ目、3つ目の基本方針についても同様に、大項目、中項目とそれを具体化する視点が整理されています。基本ケアで大切なことは、何よりこの3つの基本方針です。そして、この基本方針を実現していくための具体的な視点として、大項目、中項目と、順に掘り下げられていくような構造になっています（図表12）。

⑨　基本ケアの構造

　本手法の「基本ケア」には、44の想定される支援内容が位置付けられています。項目数が非常に多いので、基本ケアのどこに着目すると良いのかを悩むケアマネジャーも多くいらっしゃるようです。本手法の実践的な活用方法の1つとして、後ほど紹介するようなケアマネジャー自身による担当事例の「自己点検」があります。これは本手法に位置付けられる「想定される支援内容」ごとに、その支援内容に関連した情報収集をしっか

MEMO

SCENE 1 自己点検
SCENE 2 OJT
SCENE 3 研修
SCENE 4 退院時カンファレンス
SCENE 5 サービス担当者会議

MEMO

りできているかどうかを点検し、追加で実施すべき掘り下げた情報収集を検討したり、今後の支援の見直しの必要性を検討したりするヒントを得るものになっています。このような点検を行う場合は、項目数は多いですが、すべての「想定される支援内容」に照らして点検する必要があります。

図表12：基本ケアの項目の構造

筆者作成

　初めて本手法を知り基本ケアの内容が頭に入ってくるまでは、まずは3つの基本方針をしっかりと確認し、そしてそれらが「想定される支援内容」にどのようにつながっていくかを確認いただくと同時に、44ある「想定される支援内容」に対して、自分の実践における情報収集で抜け漏れがないかを確認することが大切です。そして、抜け漏れや情報収集の掘り下げが不十分であったと思われる項目を見つけたら、ケアマネジャー自身によるモニタリング訪問や、他のサービス事業所や他の専門職と連携して追加の情報収集を実施する、このように考えていただくと良いでしょう。

　まずはこのように基本的な理解をしたうえで、ケアマネジメントの実践のなかで応用し始める段階で、どの項目に着目して考えると良いのかについては次のようなヒントがあります。まずは現在の状況をしっかり捉えることを優先する考え方です。具体的には、基本ケアの大項目の1つ目にある、「現在の全体像の把握と生活上の将来予測、備え」に着目し、ご本人やご家

族の現状をしっかりと捉えられているかを点検するのです。また、次に大切な着眼点として、生活の継続を支援する観点から、その人の心身の状況とその維持に向けた視点、なかでもその根幹となる水分や栄養の摂取状況を捉えることで、生活の継続を支えるという考え方もできるでしょう。これは、基本ケアの大項目のうち、「予測に基づく心身機能の維持・向上、フレイルや重度化の予防の支援」をしっかり押さえるという形に捉えることができます。

　繰り返しになりますが、基本ケアで大切なのは３つの基本方針と、その考え方が具体化される大項目、中項目、想定される支援内容の構造です。そして、実践のなかで敢えてどこが着眼点かを掴むとすれば、先に示したヒントを活用していただきたいと思います。

⑩　なぜ「疾患別ケア」か？

　次に、本手法に含まれる疾患別ケアについて見ていきましょう。本手法では疾患別ケアとして下に示す５つの疾患群あるいはその予防が含まれています。

認知症	心疾患
脳血管疾患	誤嚥性肺炎の予防
大腿骨頸部骨折	

　５つの項目を見ていただくと分かるように、要介護認定の原因疾患の上位である認知症、脳血管疾患、そして生活不活発のきっかけとなりうる大腿骨頸部骨折、この３つが疾患別のケアに含まれています。続いて、心疾患については、高齢者に患者数が多いこと、また一度発症すると再発や再入院によって状態

MEMO

SCENE 1 自己点検

SCENE 2 OJT

SCENE 3 研修

SCENE 4 退院時カンファレンス

SCENE 5 サービス担当者会議

がぐっと悪くなるリスクがあるからこそ、生活のなかでの取り組みが重要になるため、このような観点から心疾患のある人のケアが位置付けられています。さらに誤嚥性肺炎の予防については、その必要性は言うまでもないことでしょう。こちらもひとたび誤嚥性肺炎を発症すると進行が早く、また入院を伴う治療になると状態がぐっと悪くなり、それまでの生活の継続が困難になる恐れが大きい。だからこそ生活場面での予防が重要になるということで位置付けられています。

　ではなぜ、そもそも疾患別ケアが検討されているのでしょうか？それは、本手法が、多職種連携の推進をねらいとしていることに関連します。多職種連携を推進するには、根拠に基づいた支援内容と、それに関連して収集すべき情報項目を押さえることが大切です。そしてこの"根拠に基づいた"という点において、既に多くの知見が蓄積され体系的に整えられていることから、現時点でさまざまな職種の間で共有し合意しやすい着眼点として、疾患別から検討が始まったものと言えます。

　したがって、決してかつての医療モデルといったものに戻るわけではなく、あくまでも根拠のある多職種連携の実現のために疾患別を起点にしたものです。疾患別ケアに位置付けられる想定される支援内容を見ると、決して医療だけではなく、むしろ生活の場面で何ができるのか、ご本人の生活の継続のためにどういったことを意識すべきなのか、多職種連携で取り組むべきことや留意すべき点がまとめられています。

　疾患別のケアですから、当然、医療との連携の視点が含まれます。しかし、疾患別ケアの想定される支援内容は、医療との連携だけに関するものだけではありません。疾患があってもなおその人の望む生活を継続していくための視点、あるいは重度

化したり再入院に至ったりするリスクを小さくするための視点としてどのようなものがありうるか、そしてその仮説にどのような他の専門職とともにどのような情報を共有するのか、といった視点でまとめられたものが疾患別ケアです。

　ケアマネジャーに対してさらに多くの医療知識を獲得することを求めるものではなく、生活の場面で把握できる情報を医療関係者とも共有し、さらに円滑に連携することでご本人の生活の継続を実現する、そういった考え方に基づくものとして疾患別ケアを捉えていただきたいと思います。

⑪　疾患の基本的理解を押さえる

　本手法の本編では、疾患別ケアの最初の部分に疾患の基本的理解と、その疾患がある人のマネジメントにおいて留意すべきことがコンパクトな文章でまとめられています。各専門職域での色々なテキストや先行研究などからまとめたものです。疾患別ケアを活用する際にまず押さえておくべき情報として、まずはぜひ、この基本的理解は必ず一読いただきたいと思います。

「疾患別ケア」では、疾患ごと疾患の「基本的理解」として、その疾患の特徴と、その疾患のある要介護者のマネジメントにおいて留意すべきことを簡単にまとめている（1～2頁）

いずれも各専門職域におけるガイドラインやテキストを踏まえたものであり、項目一覧（想定される支援内容）を見る前にまず、この「基本的理解」を押さえることを推奨。

　そのうえで、各疾患別ケアについても基本ケアと同様に、大

MEMO◆

■「適切なケアマネジメント手法　基本ケア及び疾患別ケア」（日本総合研究所、令和3年3月31日）

項目、中項目、そして想定される支援内容という構造で捉えることが大切です。つまり、その疾患に応じて特に留意すべき基本的な方針が大項目にまず示されています。その疾患に応じて、どういった療養方針や考え方があるのか、という観点で大項目を見ることが重要です。

ただし、具体的な療養の方針や介護において何を重視しなければならないかは、ご本人一人ひとりの状況に応じて異なります。したがって、かかりつけ医あるいは主治医などと必ず相談して、その方の療養方針や、生活の場面で留意すべき点を確認することが重要です。そして、そうした基本的な認識を押さえたうえで、具体的にどのような支援内容があり得るか、中項目、小項目あるいは想定される支援内容を見て確認すると良いでしょう。その際、想定される支援内容に関連するアセスメント／モニタリング項目も整理されていますので、それらの情報を他の専門職やサービス事業所と共有し検討していくと良いでしょう。

医師をはじめ関連する医療職は、こうした生活の場面の情報があることによってご本人の生活にあった療養の工夫やケアの内容を考える参考とすることができます。つまり、疾患別ケアは単なる医療と介護の連携ではなく、医療介護連携をさらに円滑化していくための「共通言語」として活用しうる、基礎的な知識体系と捉えていただきたいと思います。

⑫ 本手法の４つの活用場面

ここまで、本手法のねらいや構成、特徴的な考え方、さらに基本ケアと疾患別ケアそれぞれの主な内容を見てきました。こうした考え方を実践的に活用する場面として本手法では、下に

示す４つの場面を想定しています。

① 介護支援専門員： アセスメントやケアプラン原案作成	② 指導担当者： 事業所内や同行訪問での指導
③ 地域包括支援センター、職能団体： 相談支援や研修、地域包括ケア会議	④ 保険者（自治体）： 社会資源の整備に向けた検討

　１つ目の活用場面は、ケアマネジャー自身による事例の自己点検です。先の「ベテランのケアマネジャーが考えていること」でも示した通り、本手法の活用では、想定される支援内容を仮説として持ったうえで情報収集に動くことが大切です。同時に、いかに幅広く視点の抜け漏れなく仮説を想定できるかどうか、そのばらつきがケアマネジメントの水準のばらつきにつながっていることも指摘しました。これは初任段階のケアマネジャーだけの課題ではありません。豊富な知見を有するベテランのケアマネジャーにとっても、うっかり抜け漏れてしまう可能性もありますから、たまには自分の視点に抜け漏れがないか振り返ることが大切です。この自己点検で活用する方法や工夫については、このあとのSCENE 1 **自己点検**で具体的な方法を紹介していますのでご確認ください。

　２つ目の活用場面が事業所などでの指導です。本手法はケアマネジャーが持つべき仮説の知識体系であり、またこれから特に期待が大きくなる多職種連携において、収集・共有する情報項目を整理したものです。まさに知識ですから、続く３つ目の活用場面で取り上げられる研修（座学）で学ぶとともに、実践の場で具体的な活用方法を知る機会（助言や指導を受ける機

会）を設けることが重要です。

初任段階のケアマネジャーの場合、収集・共有する情報項目の視点を知識として知ることが必要ですから、まずは本手法の内容を座学で学ぶことが考えられます。そのうえで、前述したように、実践的にサービス事業所や他の専門職と情報を共有し、ご本人に合った支援内容を考えていくことに意味があります。したがって、単に座学で学ぶだけではなく、掘り下げた情報収集に取り組み、そこで得られる情報を他の専門職などと共有していく、あるいは情報の収集自体から他の専門職などにお願いするといったOJTの取り組みが大切です。

続いて活用場面の３つ目として考えられるのが、地域包括支援センターや職能団体などが実施する、事例検討の場での活用です。具体的には個別事例を取り扱う地域ケア会議あるいは退院時のカンファレンスなど、多くの専門職が集い事例検討していく場面があります。またこうした場面の応用として、サービス事業所の他の専門職も参加するサービス担当者会議での活用も含まれます。１つ目の活用場面である自己点検と組み合わせて本手法を活用することで、他の専門職等との検討を効果的に実施することができます。退院時カンファレンスや地域ケア会議、あるいはサービス担当者会議での活用の工夫や留意点については、このあとのSCENE 2 OJT、SCENE 3 研修をご覧ください。

最後に、４つ目の活用場面として考えられるのが、保険者が地域の課題を把握したり、今後充実させる地域の資源や機能を検討したりするための参考として活用する使い方です。本書ではケアマネジャーが参加することが多い活用場面を中心に取り上げているので、保険者による活用については紹介を割愛して

います。しかし、具体的な活用イメージをここで紹介すると、例えば地域ケア会議で取り上げる事例をもとに、本手法で示している「想定される支援内容」も参照しながら地域の課題を推察する、その視点を発見するような使い方が考えられます。また、過去の調査研究事業で実施した他の事例で言えば、ケアマネジャーによる自己点検のデータを地域全体で集計することで、その地域のケアマネジャーの多くが情報収集に困難を感じている項目が何かが浮き彫りになります。こうしたデータをきっかけにして、地域のケアマネジャーの支援施策として研修や情報流通のサポートを検討するなどの活用が考えられます。情報が集まるようにするためには、ケアマネジャーのスキルの問題だけでなく、ケアマネジャーに情報が集まりやすいような仕組みになっているかを確認することも重要です。ケアマネジャーがやりたくてもやれないでいるのか、知識を学ぼうと思っても学ぶ機会がないのか、自己点検などの結果を集計し、その結果を掘り下げて要因を確認することで、地域の課題のヒントを見つけるということであり、本手法で整理された項目を参考にしながら個別事例から地域課題を発見する——4つ目の活用の場面ではそのような活用の仕方を想定しています。

　本手法の概要や活用場面の紹介は以上です。このあとに続くSCENE 1 〜SCENE 5 の活用の具体的な工夫をご覧いただき、皆さんの地域や実践でお役立ていただきたいと思います。

MEMO

SCENE 1
自己点検

SCENE 2
OJT

SCENE 3
研修

SCENE 4
退院時カンファレンス

SCENE 5
サービス担当者会議

自己点検

① 自己点検での活用のねらい

　本手法の活用の1つ目として、ケアマネジャーによる自己点検での活用を取り上げます。ここでの自己点検とは、自分が担当している事例について、本手法で掲げる「想定される支援内容」の視点の抜け漏れがないかを確認するものです。具体的には、その事例のアセスメントやケアプランの検討段階、あるいは長く担当している事例であればモニタリングの段階を含めて、関連する情報収集や支援の必要性の検討を行ったかを振り返ります。

　自己点検で本手法を活用するねらいは大きく2つあります。1つ目のねらいは、現在担当している事例のケアプランの組み立てにおける視点の「抜け・漏れ」の確認です。ご本人の生活の継続を支えるために検討が必要な視点を漏れなく押さえておくために、まずはケアマネジャーが包括的な視点を持つことが欠かせません。

　自己点検で「抜け・漏れ」が見つかったら、新たにその支援内容の必要性を検討するため、追加で情報を収集します。モニタリグ訪問で聞き取っても良いですし、サービス担当者会議等の場を活用して事業所などから情報収集することも良いでしょう。そのうえで必要があれば支援内容の見直しを検討します。

　2つ目のねらいは、モニタリングの視点をケアチームのなかで共有しやすくすることです。ご本人の状況は変化しますから支援の必要性も変化します。ケアチームのなかで「想定される支援内容」と関連する情報項目を共有することで、次の見直しに活用しやすい情報を共有しやすくなります。具体的には、現在のケアプランに位置付けている支援内容に関連して注意深く

見ておきたい情報項目や、次のプランで支援の必要性を検討した方が良いと思われる支援内容に関連する情報項目について、ケアチームと共有し、情報を収集・共有します。

② 自己点検の進め方

自己点検に活用する場合、まず本手法のねらいと概要を把握したうえで、本手法の普及推進のために作成された「自己点検シート」を使うと良いでしょう。

➡ 「自己点検シート」の記入方法は、 p45 参照

自己点検に使う事例は、自分が担当するどの事例を選んでも構いません。「疾患別ケア」が該当する事例（認知症、脳血管疾患、大腿骨頸部骨折、心疾患、誤嚥性肺炎の予防）では「疾患別ケア」の視点を活用するのも良いでしょう。

ただし、何よりも「基本ケア」が重要であることを忘れずに！どのシートを使うか迷ったら、まずは「基本ケア」に沿って自己点検することをお勧めします。

MEMO ◆

■「適切なケアマネジメント手法」自己点検シート案（基本ケア）

事例概要

誤嚥性肺炎があって入院・治療ののち、3か月前に退院して自宅に戻った事例。
ご本人85歳女性、ご夫婦お二人暮らし、要介護3。
今回の入院にご本人もショックが大きく、再発したくないと強くおっしゃっている。
夫も、普段の様子に気をつけて今の生活を続けたいと言っている。

自己点検シート案：基本ケア
令和3年3月31日時点版

| | | 想定される支援内容 | | | （1）ケアプラン作成時点の判断 | |
| | | | | | ①情報収集 | ②支援の必要性の判断 |
基本方針	大項目	中項目		想定される支援内容	○：情報収集を行った ×：情報収集を行っていない ⇒全員【設問②へ】	○：支援が必要だと判断した ⇒【設問③へ】 ×：支援は不要だと判断した ⇒【設問④へ】 ▲：検討しなかった ⇒【設問④へ】
Ⅰ 尊厳を重視した意思決定の支援	Ⅰ-1 現在の全体像の把握と生活上の将来予測、備え	Ⅰ-1-1 疾病や心身状態の理解	1	疾患管理の理解の支援	○	×
			2	併存疾患の把握の支援	○	▲
			3	口腔内の異常の早期発見と歯科受診機会の確保	×	▲
			4	転倒・骨折のリスクや経緯の確認	×	▲
		Ⅰ-1-2 現在の生活の全体像の把握	5	望む生活・暮らしの意向の把握	○	×
			6	一週間の生活リズムとその変化を把握することの支援	×	▲
			7	食事及び栄養の状態の確認	○	○
		Ⅰ-1-2 現在の生活の全体像の把握	8	水分摂取状況の把握の支援	○	×
			9	コミュニケーション状況の把握の支援	○	×

点検による気づき

ご本人が入院中にひとまず退院してすぐの生活を支える視点でプランを作った。しかし、改めてご本人や夫がこれからどのような生活を望むかを聞き取り、通院の状況や嚥下や転倒のリスクなど、今の生活を長く続けられるようにするための全体を捉える視点を、しっかりと持つことが必要だと思った。

SCENE 0 導入

SCENE 1 自己点検

SCENE 2 OJT

SCENE 3 研修

SCENE 4 退院時カンファレンス

SCENE 5 サービス担当者会議

自己点検の視点

〇情報収集で抜けていた視点

・口腔や嚥下のリスクを評価する視点が抜けていた。

・体力の低下にともなう転倒リスクも考えていなかった。

〇支援の必要性の検討の視点

・食事を作るのがご本人の役割だったので、生活支援を推進する。その際、フレイル防止の観点から、食事内容も確認する。

③ケアプランへの支援の位置づけ	（2）現在(項目を見た後)の判断		
	④現時点で支援の必要性	⑤支援内容の見直しの必要性	⑥追加すべき支援内容
○：ケアプランに支援を位置付けた ×：ケアプランに支援を位置付けなかった ▲：検討しなかった ⇒全員【設問④へ】	○：支援が必要である ⇒【設問⑤へ】 ×：支援は不要である ⇒【回答終了】	1：支援内容は当初のままで良いと考えた ⇒【回答終了】 2：支援内容を見直す（追加あるいは縮小する）必要があると考えた ⇒【設問⑥あるいは⑦へ】	追加が必要と思われる具体的な支援内容 （自由記述）
	×		
	×		
	○	2	嚥下のリスクを評価してもらうよう歯科受診を支援する
	○	2	体力が落ちているので、転倒しないような支援を検討する
	×		
	○	2	
○	○	1	訪問看護と訪問介護で食事の支援を継続する
	×		
	×		

MEMO◆

事例概要

担当して３年になる事例。ご本人78歳男性、お一人暮らし、要介護２。脳梗塞の影響で継続的に生活援助が必要だが、リハビリテーションを継続し、自宅での暮らしを続けることを強く希望している。

かがんで物を上げ下げする動作が難しいので、ホームヘルパーが掃除を支援。

機能強化型デイサービス利用。

自己点検シート案：基本ケア
令和3年3月31日時点版

基本方針	大項目	中項目	想定される支援内容		（1）ケアプラン作成時点の判断	
					①情報収集	②支援の必要性の判断
					○：情報収集を行った ×：情報収集を行っていない ⇒全員【設問②へ】	○：支援が必要だと判断した ⇒【設問③へ】 ×：支援は不要だと判断した ⇒【設問④へ】 ▲：検討しなかった ⇒【設問④へ】
Ⅰ 尊厳を重視した意思決定の支援	Ⅰ-1 現在の全体像の把握と生活上の将来予測、備え	Ⅰ-1-2 現在の生活の全体像の把握	5	望む生活・暮らしの意向の把握	○	×
			6	一週間の生活リズムとその変化を把握することの支援	×	▲
			7	食事及び栄養の状態の確認	○	○
		Ⅰ-1-2 現在の生活の全体像の把握	8	水分摂取状況の把握の支援	○	×
			9	コミュニケーション状況の把握の支援	○	×
			10	家庭や地域での活動と参加の状況及びその環境の把握の支援	×	▲
		Ⅰ-1-3 目指す生活を踏まえたリスクの予測	11	口腔内及び摂食嚥下機能のリスクの予測	×	▲
			12	転倒などのからだに負荷の掛かるリスクの予測	×	▲
		Ⅰ-1-4 緊急時の対応のための備え	13	感染症の早期発見と治療	○	○

点検による気づき

リハビリテーションに積極的に参加し、服薬管理などもご自身でしっかりやる方。食事の支度もご自身でされるので、詳しい内容をお伺いしていなかった。また、水分や栄養の状況をここまで細かく把握していなかった。摂食嚥下や転倒のリスクと合わせて、フレイルのリスクも評価するため、詳しい状況をモニタリングで把握したい。

SCENE 0 導入

SCENE 1 自己点検

SCENE 2 OJT

SCENE 3 研修

SCENE 4 退院時カンファレンス

SCENE 5 サービス担当者会議

自己点検の視点

〇情報収集で抜けていた視点

　・介護サービスを利用する以外の地域での活動の状況を詳しく聞けていなかった。

　・摂食嚥下機能のリスクや、転倒のリスクの評価ができていない。

〇支援の必要性の検討の視点

　・食事の支度はご自身でやっているので、その内容をお伺いしたことがなかった。
　　支援の必要性の判断のためにも一度、具体的にお聞きする。

③ケアプランへの支援の位置づけ 〇：ケアプランに支援を位置付けた ×：ケアプランに支援を位置付けなかった ▲：検討しなった ⇒全員【設問④へ】	（2）現在(項目を見た後)の判断		
	④現時点で支援の必要性 〇：支援が必要である ⇒【設問⑤へ】 ×：支援は不要である ⇒【回答終了】	⑤支援内容の見直しの必要性 1：支援内容は当初のままで良いと考えた ⇒【回答終了】 2：支援内容を見直す（追加あるいは縮小する）必要があると考えた ⇒【設問⑥あるいは⑦へ】	⑥追加すべき支援内容 追加が必要と思われる具体的な支援内容 （自由記述）
	×		
	×		
×	〇	2	普段どのような食事を摂ってらっしゃるか詳細に把握する
	〇	2	普段の水分摂取量を詳しく把握する
	×		
	〇	2	地域の活動について、以前の状況とこれからの希望をお聞きする
	〇	2	リスクがあるかどうかを歯科医師に確認してもらう
	×		
×	×		

MEMO

41

③ 自己点検事例③

事例概要

インテークから担当して半年になる事例。ご本人82歳女性、お一人暮らし、要介護２。認知症があり多少の生活障害はあるが（Ⅰ）、ご本人も遠方に住む娘も現在の生活の継続を希望している。

デイサービスと訪問介護を利用。普段の買い物もご自身でやっている。一度、散歩から帰れなくなったので、娘が携帯を購入し、ご本人は外出時は常に持ち歩いている。

自己点検シート案：基本ケア
令和3年3月31日時点版

基本方針	大項目	中項目	想定される支援内容	①情報収集 ○：情報収集を行った ×：情報収集を行っていない ⇒全員【設問②へ】	②支援の必要性の判断 ○：支援が必要だと判断した ⇒【設問③へ】 ×：支援は不要だと判断した ⇒【設問④へ】 ▲：検討しなかった ⇒【設問④へ】
				（1）ケアプラン作成時点の判断	
Ⅱこれまでの生活の尊重と継続の支援	Ⅱ-2 日常的な生活の継続の支援	Ⅱ-2-3 暮らしやすい環境の保持、入浴や排泄の支援	33 清潔を保つ支援	○	○
			34 排泄状況を確認して排泄を続けられることを支援	○	○
	Ⅱ-3 家事・コミュニティでの役割の維持あるいは獲得の支援	Ⅱ-3-1 喜びや楽しみ、強みを引き出し高める支援	35 喜びや楽しみ、強みを引き出し高める支援	×	▲
		Ⅱ-3-2 コミュニケーションの支援	36 コミュニケーションの支援	○	○
		Ⅱ-3-3 家庭内での役割を整えることの支援	37 本人にとっての活動と参加を取り巻く交流環境の整備	×	○
		Ⅱ-3-4 コミュニティでの役割を整えることの支援	38 持っている機能を発揮しやすい環境の整備	×	▲
			39 本人にとっての活動と参加を取り巻く交流環境の整備	×	▲

点検による気づき

家のなかの生活での困りごとに注目し過ぎていて、地域での交友関係など家の外での活動の現状とこれまでの経緯の把握、それを支える視点が抜けていた。

SCENE 0 導入

SCENE 1 自己点検

SCENE 2 OJT

SCENE 3 研修

SCENE 4 退院時カンファレンス

SCENE 5 サービス担当者会議

自己点検の視点

○情報収集で抜けていた視点

・あまり多くを話さない方で、ご自宅での生活をしっかりとご自身で管理されているので、地域に出掛ける機会や、特に好きだったり楽しみにしていることを詳しく把握できていなかった。

○支援の必要性の検討の視点

・ご本人の楽しみにしていることをしっかりと把握し、地域に出掛けている機会で不安がないかを確認する。

③ケアプランへの支援の位置づけ ○：ケアプランに支援を位置付けた ×：ケアプランに支援を位置付けなかった ▲：検討しなった ⇒全員【設問④へ】	（2）現在(項目を見た後)の判断		
	④現時点で支援の必要性 ○：支援が必要である ⇒【設問⑤へ】 ×：支援は不要である ⇒【回答終了】	⑤支援内容の見直しの必要性 1：支援内容は当初のままで良いと考えた ⇒【回答終了】 2：支援内容を見直す（追加あるいは縮小する）必要があると考えた ⇒【設問⑥あるいは⑦へ】	⑥追加すべき支援内容 追加が必要と思われる具体的な支援内容 （自由記述）
○	○	1	デイサービスでの入浴を継続する
○	○	1	デイサービスの利用時に状況を確認する
	○	2	ご自宅にいるときのご本人の関心や楽しみを確認する
×	×		
○	○	1	
	○	2	サービス利用がない日に出掛けるスーパー以外の場所を確認する
	○	2	近所の人に会うと挨拶するようだが、その状況を確認する

MEMO◆

④ 点検結果を活用する

　本手法は、ケアマネジャー自身の気づきもねらいとしていますが、それ以上にその気づきをきっかけにしてケアチームでの連携をより円滑にすることがより重要なねらいです。したがって、自己点検の結果をケアマネジャーだけで抱え込むことなく、以下のような活動につなげましょう。

　第1に、視点の抜け漏れに気づいた場合です。この場合はその支援を追加する必要性を確認するため、追加の情報収集を行います。ケアマネジャーが行うモニタリング訪問時の面談などで直接聞き取りしても良いですし、サービス担当者会議などの機会を活用して、事業所などから情報収集することも有効です。

　第2に、いますぐに対応する必要はないが、次のケアプラン見直しのときに必要性を検討した方が良いと思われた視点があった場合です。この場合は、そのことをケアチームのなかで共有し、本手法における「モニタリング項目」を参考に、ケアチームの協力を得てより具体的な情報の収集と共有を依頼し、その情報を収集・共有します。このような情報の収集と共有により、次の見直しがやりやすくなるのです。

　第3に、現在のケアプランに位置付けている支援内容を見直しても良いと思われた場合です。例えばケアプラン作成時点では必要性があったが改めて点検してみると現在は必要性が低くなったと思われる場合は、現在の状況を丁寧に確認するための情報収集を行います。具体的には、ケアチームの協力を得て、見直したい「想定される支援内容」に関連する「モニタリング項目」に沿った情報を収集し、その支援を見直してもご本人の生活の継続に支障がないかどうかを検討します。そのうえでご本人に支援内容の見直しを提案しましょう。

> まとめ

- ・情報収集の「抜け・漏れ」を確認し、自己点検するために、「自己点検シート」を使って振り返りましょう。
- ・情報収集できていなかった、あるいは掘り下げた把握ができていなかった項目については、ケアマネジャーによる面談や、サービス事業所などからの情報収集を行って追加しましょう。
- ・また、支援の必要性やその内容の見直しが必要と考えられた項目については、まずサービス事業所に状況を確認するなどして、支援内容をどう見直すか検討しましょう。

「自己点検シート」の記入方法

自己点検シート案（基本ケア）

令和4年3月31日時点版

「適切なケアマネジメント手法」基本ケアの項目

基本方針	大項目	中項目	想定される支援内容	(1) ケアプラン作成時点の判断			事前課題（第1回実践研修受講前）の「自己点検」で回答する項目 (2) 現在/項目を見た後)の判断			
				①情報収集	②支援の必要性の判断	③ケアプランへの支援の位置づけ	④項目別で支援の必要性	⑤支援内容の見直しの必要性	⑥追加すべき支援内容	⑦縮小すべき支援内容
				○：情報収集を行った。 ×：情報収集を行っていない →全員1回問1×へ	○：支援が必要だと判断した。 ×：支援が不要だと判断した。 ▲：検討しなかった。 →1回問2へ	○：ケアプランに支援を位置付けた。 ×：ケアプランに支援を位置付けなかった。 →全員1回問3へ	○：支援が必要である。 ×：支援は不要である。 →1画問4へ	1：支援内容は当初のまま良いと考えた。 →1画面終了 2：支援内容を見直す（追加あるいは縮小する）必要があると考えた →1画面問5へ	追加が必要と思われる具体的な支援内容（自由記述）	縮小が必要と思われる具体的な支援内容（自由記述）
Ⅰ 尊厳を重視した意思決定の支援	Ⅰ-1 現在の全体像の把握と生活上の将来予測、備え	Ⅰ-1-1 疾病や心身状態の理解	1 疾患管理の理解の支援							
			2 併存疾患の把握の支援							
			3 口腔内の異常の早期発見と歯科受診機会の確保							
			4 転倒・骨折のリスクや経緯の確認							
		Ⅰ-1-2 現在の生活の全体像の把握	5 望む生活・暮らしの意向の把握							
			6 一週間の生活リズムとその変化を把握することの支援							
			7 食事及び栄養の状態の確認							
		Ⅰ-1-2 現在の生活の全体像の把握	8 水分摂取状況の把握の支援							
			9 コミュニケーション状況の把握							
			10 家族や地域での活動と参加の状況及びその変化の把握の支援							

1.「想定される支援内容」ごとに、ケアプラン作成時に関連する情報を収集したかどうか、支援の必要性を検討したかどうかを振り返り、記号に[○印]をつける

2. 支援の必要性があると考えたものについて、支援内容をケアプランに位置付けているかどうかを振り返り、記号に[○印]をつける

3.現時点において支援の必要性があるかどうか、支援の見直しが必要かどうかを検討し、記号に[○印]をつける

4.振り返ってみた結果気づいたことを書き出す

45

① OJTでの活用のねらい

　本手法は、要介護高齢者の状況に応じて"あたり"をつけてから、情報の収集・整理、分析と課題抽出へと効果的・効率的に進めるようにすることをねらいにしています。これは、ケアプラン原案を作成する時点で視点の抜け漏れがあると、そのまま成案になってしまう可能性が大きいためです。例えばケアプラン原案を利用者などに示す前に、事業所内で担当のケアマネジャー以外に例えば管理者や主任などがチェックして視点の抜け漏れがないかなどを確認できれば良いですが、事前確認の体制を整えるほど事業所にケアマネジャーがいない、あるいはいてもそのような確認を取る余裕がないという事業所が多いのではないでしょうか。

　もちろん、こうした業務環境を見直して、ケアプラン原案の検討段階から多様な視点で検討しやすくすることが大事なのは言うまでもありません。しかし同時に、視点の抜け漏れがないように自身の持つ視点を確認しておくことは、担当のケアマネジャーとして責任を持って取り組むべきことでもあります。

　本手法における「想定される支援内容」はまさにその備えておくべき基本的な知識に該当します。特に、初任段階のケアマネジャーのOJTで効果を発揮します。例えば本手法にそって初任段階のケアマネジャーが作成したケアプラン原案の自己点検により、自分で視点の抜け漏れに気づいてもらう取り組みを繰り返すことで、ケアプラン原案の作成時点で最低限持つべき視点が身につきます。

② OJTでの具体的な活用方法

　事業所でのOJTの実施方法にはさまざまな方法や工夫があり
ますが、ここでは初任段階のケアマネジャー（以下、初任者）
のOJTにおける本手法の具体的な活用の一例をお示しします。

　まず、初任者が担当する事例を１つ選びます。これからケア
プラン原案を作る時点の事例でも良いですが、最初は既に担当
し始めている事例、つまり既にアセスメントからケアプラン作
成までの一連のプロセスを経験している事例の方が、その事例
の情報が得られているので良いでしょう。次に、選んだ事例に
ついて、本手法を活用した自己点検を実施します。自己点検の
具体的な方法は、SCENE 1 **自己点検**を参照ください。なお、
この自己点検で使うのは、まずは「基本ケア」を活用すると良
いでしょう。「疾患別ケア」の視点ももちろん重要ですが、本
手法は基本ケアこそが利用者の生活の継続を支える基盤である
としていますので、何より「基本ケア」の視点をまず獲得でき
るようにすることが重要です。自己点検の方法は指導担当のケ
アマネジャー（以下、指導担当者）が助言し、自己点検の作業
は初任者が自ら実施します。

　自己点検が終わったら、点検結果を初任者と指導担当者で共
有し、指導担当者から必要に応じて助言・指導します。一つひ
とつの項目について「なぜその視点が必要なのか」、「どのよう
な情報に注目することで必要性を判断できるか」、「必要な情報
を集めるためにどのような情報収集・共有の工夫・改善がある
か」といった観点から、助言・指導すると良いでしょう。

MEMO◆

■「適切なケアマネジメン
ト手法」自己点検シート案
（基本ケア）

　ここでの助言・指導は、ケアプラン原案の作成時点で持つべき基本的な視点を、初任者が自ら獲得できるようにすることです。自己点検を通じて初任者が自ら得た気づきを大切にし、例えば次のような展開が考えられます。

1）初任者の気づきを確認する

　　自己点検の結果気づいたことを引き出します。併せて、「想定される支援内容」への疑問も引き出します。

2）視点が抜け漏れていた要因を確認する

　　自己点検によって抜け漏れていた視点が明らかになると思いますが、それが「なぜ」抜け漏れたのかを初任者とともに振り返ります。できていないことを責めるのではなく、「そんな視点が必要と思いもしなかった（知らなかった）」、「分かっていたけど具体的な情報収集の方法が分からなかった（戸惑った）」、「情報収集に時間を割くことができなかった（効率的なやり方が分からなかった）」、「他の職種やサービス事業所にどう聞いて良いか分からなかった」など、つまずきの要因をできるだけ具体的に振り返りましょう。

3）解説と助言

　　要因の振り返りが終わったら、指導担当者がその要因を解決するための解説や助言を行います。例えばその項目について「知らなかった」ことが要因なら、指導担当者がその支援内容の概要や必要性を解説します。また、情報収集の方法や工夫が分からなかったことが要因なら、情報収集の具体的な方法や、他の専門職やサービス事業所あるいはご本人や家族にお伝えする声掛けの工夫などを助言します。

4）取り上げた事例の実践における取り組みを決める

　　ケアマネジャーのOJTは、初任者の実践を高めることが目的ですから、解説と助言で終わることなく、最後に、ここで取り上げた事例の実践をどう改善するかを決めることが大切です。抜け漏れていた視点のうち、情報収集できていなかった項目については、追加の情報収集をどのように実施するかを決めます。ただし、たくさんの取り組みを挙げても実行しきれませんので、その場合は指導担当者が優先順位を決めてください。

SCENE 0 導入

SCENE 1 自己点検

SCENE 2 OJT

SCENE 3 研修

SCENE 4 退院時カンファレンス

SCENE 5 サービス担当者会議

④ 模擬セッション①（SCENE 1 自己点検事例①（p38）の事例を基に）

　ここでは、初任者による自己点検の結果を踏まえた、初任者と指導担当者とのやり取りの一例を紹介します。前項に挙げたOJTの展開のうち、「3）　解説と助言」および「4）取り上げた事例の実践における取り組みを決める」の流れの参考にしてみてください。

指導担当者　初任者

指導担当者

それではこれから振り返りということで、よろしくお願いします。自己点検、大変だったかもしれませんが、やってみてどうでしたか？

それではこれから振り返りということで、よろしくお願いします。自己点検、大変だったかもしれませんが、やってみてどうでしたか？

初任者

はい。かなり悩みながらですが、何とか埋めてみました。やりながら分からなかったのは、途中でも教えていただいたことを踏まえて書いています。こんな感じで作ってみたんですが、いかがでしょうか？

指導担当者

まずは全体に振り返りができていて良いですね。まず、自己点検全体を通じて気づいたことは、どんなことがありますか？

初任者

この事例では、退院してすぐの生活を支える視点でプランを作ったんですが、改めてご本人や夫がこれからどのような生活を望むかが曖昧だったかなと思いました。また、これからの生活で起きそうなリスクを捉えることができていなかったのかなと思いました。

指導担当者

具体的に振り返れていて良いですね。今挙げていただいたのは、具体的にはどの支援内容に当てはまりますか？

初任者

ええっと、「想定される支援内容」の番号で言うと、3番、4番、6番ですね。生活のリズムなんかも、ざっくりした普段の生活は聞きましたが、まだ入院中ということもあって、具体的に細かくは聞けてなかったなと思います。

指導担当者

そうですね、確かに病棟にいるときには聞きにくいかもしれませんね。では、重要な視点でもあるので、6番の支援内容について、もう少し掘り下げていきましょう。生活リズムを具体的に聞き取るのがなぜ大切か、分かりますか？

自宅に戻ってからの支援を何時に、どのような内容を入れると良いかを決めるためでしょうか？

初任者

指導担当者

それも当然ありますが、まず大事なのが、ご本人の生活を尊重するからですね。つまり、入院中はどうしても病棟でのスケジュールがあって例えば食事の時間が決まっちゃうわけですが、もともとご本人の慣れ親しんだ生活のリズムがあるはずですよね。自宅に戻るんですから、そういうご本人の生活リズムに近づける視点が大切です。

なるほど。

初任者

指導担当者

加えて言えば、入院前の生活リズムを把握したうえで退院後の今の生活リズムを捉え、ご本人がどのような生活リズムだと心地よいのかを私たちが理解し、この方の支援の基本として共有することが大切です。だから、この想定される支援内容は、「基本方針」の「尊厳を重視した意思決定の支援」に位置付けられているわけですね。

分かりました。でも、生活リズムの把握といってもどのくらい聞き取りすれば良いんですか？

初任者

指導担当者

そうですね。まずは睡眠、食事、日課は少なくとも押さえておきましょう。間食しているならいつなのか、お薬を飲むのがいつなのかも、併せて把握しましょう。この方の場合、誤嚥性肺炎があっての入退院ですから、誤嚥のリスクにつながるタイミングがどこにあるのかを捉えられると良いですね。

それって、どうやってやると良いんでしょうか？

初任者

指導担当者

そうですね、まずは食事とか寝たり起きたりする時間について、退院してご自宅に戻ってからどんな具合か確認しましょう。それと、訪問介護が入っているのでお食事の様子を確認してもらうようお願いしましょう。歯科で嚥下のリスクを検討してもらうにも、ご自宅での普段の食事の様子が分かると良いですね。

分かりました。ちょうど明後日に担当者会議があるので相談してみます。

初任者

指導担当者

はい。一度にあれもこれもと無理しなくて良いですが、大事な部分から順番に確認していきましょう。

SCENE 0 導入

SCENE 1 自己点検

SCENE 2 OJT

SCENE 3 研修

SCENE 4 退院時カンファレンス

SCENE 5 サービス担当者会議

指導担当者　初任者

初任者

よろしくお願いします。自己点検、やってみましたが難しかったです。こんな感じで合ってるんでしょうか…。

指導担当者

はい、よろしくお願いします。正解、不正解ではなくて、今の取り組みを振り返ることが大切ですから、やってみて自分で気づいたことを大切にしましょう。忙しい業務の合間に気づいたこともたくさん書いてくれましたが、まずは全体的にどんなことを感じましたか？

初任者

そうですね。自分が初めから担当する方だったので何とかしっかりやらなきゃと思ってたんですが、家の中の生活での困りごとに注目し過ぎていて、地域での交友関係とかこれまでの経緯の把握といった視点が抜けてました。

指導担当者

わりと大事なところが抜けてましたね…。でも、それに気づけたことはとっても大切です。

初任者

まずは家のなかでの普段の生活で不安が大きいってことだったので、食事とか家事とかそういうことの状況を聞いて組み立てなきゃと思ったんですよね。

指導担当者

それはもちろん必要です。この方の場合、今は外出するのが週１〜２回程度みたいですから、まずはおうちのなかの暮らしの状況を確認したのは当然ですよ。
担当して３年と少し経ちますけど、最初と比べてご本人の普段の様子はどうですか？

4　模擬セッション②（SCENE 1 自己点検事例②（p40）の事例を基に）

初任者

状況が大きく変わるってことはないですけど、お会いするとヘルパーさんが良くしてくれるって言ってます。食事も食べていて、家も散らかっていないですし、たまに忘れることはあってもご自分でできる範囲でやってるみたいです。地域の交流とかは分からないですが。

デイサービスの様子はどうですか？何か聞いてますか。

指導担当者

初任者

特にこれといった問題はなく、活動にも参加しているようです。

この方はお一人暮らしで、デイや訪問介護が入っていないときも多いので、普段の暮らしが安定してきたのであれば、この方の楽しみを大切にすることを考えたいですね。いきなり外に出掛けるとかでなくて良いので、おうちでできることでも良いので。

指導担当者

初任者

そうですね。おうちで普段何しているか聞いたときは、テレビをつけてるか本を読んでるかだな、とおっしゃっていました。

もともと結構マメに、家の中のこともちゃんとやる方なんですよね。食事も自分で作ってるんでしたっけ？

指導担当者

初任者

そうです。全部じゃないですが、1～2品を作って冷蔵庫にしまっておいて、お弁当と一緒に食べてるみたいです。何日か分まとめて作っているそうです。

素晴らしいですね。でもひょっとしたら、介護サービスが入って、却って遠慮してやらなくなったこともあるのかもしれませんねぇ…。

指導担当者

SCENE 0 導入

SCENE 1 自己点検

SCENE 2 OJT

SCENE 3 研修

SCENE 4 退院時カンファレンス

SCENE 5 サービス担当者会議

初任者

その観点は気づいてませんでした。また訪問があるので、昔はどうしてたのかとか、ゆっくり聞いてみる機会を取ってみたいと思います。

良いですね。それと併せて、デイサービスでの活動でご本人が楽しみにしていることなども、聞いておくと良いと思います。初めて担当した事例ですが細やかに取り組んでいると思います。これからも頑張っていきましょう。

指導担当者

初任者

はい。よろしくお願いします。

⑤ 指導・助言の工夫

　ここで取り上げたような、OJTにおける個別の事例を取り上げた指導・助言では、初任者が自ら気づきを得られるようにするとともに、その事例における取り組みで具体的に次にどのような行動をとると良いのかをはっきりさせることが大切です。

　例えば知識が不足していた（知らなかった）ことが要因なら、該当する「想定される支援内容」について、なぜその支援内容の必要性を考えなければならないか、具体的にはどのような支援を指すのか、といった解説が有効です。また、情報収集の方法が分からないことが要因なら、指導担当者が自分の事例において実践している具体的な工夫も交えて、情報収集の方法を解説します。他の職種やサービス事業所、あるいはご本人や家族にどうお伝えすれば良いか分からないのが要因であれば、声掛けや依頼の仕方といった極めて具体的な方法も併せて助言すると良いでしょう。その際、ケアマネジャー自身が訪問、面談を通じて直接把握するやり方だけでなく、他の職種やサービス事業所に聞き取る方法も含めて検討します。

　なお、普段の業務に加えて取り組むことですから、ここであまりに多くの取り組みを決めるとこなしきれません。概ね1か月程度の間に確実に実施できるよう、指導担当者が取り組みの優先順位を決めることも大切です。

　このように具体的な取り組みを確認したうえで、できれば、検討した事例だけでなく他の事例にも応用できるような視点も得られるような助言・指導にできるとなお良いです。つまり、自己点検の結果気づいた「抜け・漏れ」について、他の事例でも同じような抜け

漏れがないか、あるいは情報収集の工夫についても、他の事例でも応用できないかといった観点で考えてもらうよう促すのです。本手法を、OJTの指導・助言における初任者と指導担当者の「共通方法」としてお役立て下さい。

まとめ

・初任者が、情報収集での視点の抜け漏れに気づくことを助けるツールとして本手法の「自己点検シート」を活用し、初任者自身が気づいた点に対して「なぜ、そのような視点が大切か」、「どのように情報収集すると良いのか」を助言しましょう。

・視点の抜け漏れを指摘して指導するというよりも、抜け漏れに気づいたことをきっかけとして、「なぜ」、「どうしたら」を考えられるよう、具体的な方法のアドバイスを交えて助言しましょう。

SCENE 3 研修

MEMO

■介護支援専門員の法定研修のカリキュラムやガイドライン等について（情報提供）令和4年4月28日介護保険最新情報

----

① 研修での活用のねらい

　ここでは、本手法を活用する場面の１つとして想定される研修での活用について、研修での取り上げ方や展開の一例を解説します。地域や事業所内の研修で本手法を活用した研修を企画・実施する場合は、本手法の概要を知る講義形式の研修だけでなく、研修参加者が自分の担当事例を用いて、実践の場でどのような応用があり得るかを考える機会となるよう、演習を組み合わせた研修に組み立てることが期待されます。

　研修の展開方法は、研修のねらいやその研修に参加する参加者の状況によって工夫が必要です。ここで言う参加者の状況とは例えば、どの程度の実務経験年数があるのか、普段の業務環境がどの程度共通しているか、主任やファシリテーターなど助言・指導に当たる人が対象かどうか、ケアマネジャーだけでなく地域包括支援センターやサービス事業所の職員あるいは他の専門職も交えた研修会なのか、といったことです。

　こういった多様な研修企画のすべてをここで紹介することはできませんので、SCENE 3 では、事例を持つ現任のケアマネジャーであって業務経験年数が比較的短い人を対象に、本手法の概要を知り、自分が担当する事例でどのような応用があるかを知ることを目的とした研修を念頭に、研修展開の一例をご紹介します。

　なお、令和４年４月28日付の介護保険最新情報vol. 1073で厚生労働省から情報提供された法定研修カリキュラムの見直し案では、法定研修の各課程にも本手法の考え方が盛り込まれています。また、法定研修だけでなく、職域や地域で開催する独自の研修において、本手法を取り上げる例も見られます。

　ここで解説するのはあくまでも研修展開の一例ですが、皆さんの地域や職場等での研修企画・展開の参考の助けになれば幸いです。

②　事例に即した研修の組み立ての一例

　本手法は、介護保険制度が始まってからこれまでのあいだに多くのケアマネジャーの実践で培われた実践知と、医学をはじめ各専門職域で蓄積・研究されてきた知見をもとに、ケアマネジメントの実践における多職種連携が円滑になるよう、仮説となる「想定される支援内容」を体系的に整理したものです。

　したがって、本手法の考え方をもとに、サービス事業所や他の専門職などケアチームのメンバーの情報共有を円滑化する実感を掴めるようにすることが、実践的な研修が目指すべきゴール（研修のねらい）です。

　研修参加者が、このゴールに到達しやすくするためには、まずは本手法で整理された「想定される支援内容」の概要や必要性、それら支援内容の必要性を確認・検討するための情報収集項目を知ることが必要です。この「知る」過程は、講義形式の研修で実施すると良いでしょう。

　そして、実践への展開方法を体感的に学ぶためには、講義形式だけでなく演習を組み合わせると効果的です。具体的には、研修参加者が担当する事例を用いて本手法を活用した「自己点検」を実施すると良いでしょう（自己点検の方法はSCENE 1をご覧ください）。そして、自己点検で終わりにせず、自己点検を通じて研修参加者が気づいた「抜け・漏れ」について、追加の情報を収集するといった実践での応用を組み合わせることが望ましいです。

MEMO

こうした研修展開を組み合わせた研修企画の一例を次に示します（図表３－１、図表３－２）。

図表３－１：「適切なケアマネジメント手法」実践研修の全体像

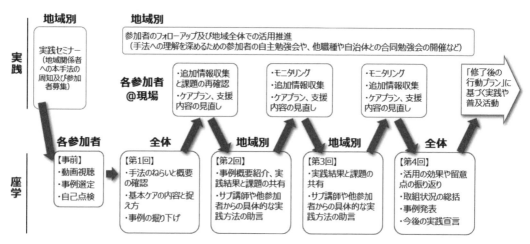

出典：「適切なケアマネジメント手法の策定、普及推進に向けた調査研究事業」（日本総合研究所WEBページ）

図表３－２：研修全体カリキュラム

実施方法	内容	時間数
事前学習	・手引きの読み込みと解説動画の視聴 ・事例選定、自己点検、事例関連資料の提出 ・自己紹介＆目標設定シートと事前アンケートの提出	約2時間
第1回研修 （全体）	・「適切なケアマネジメント手法」のねらいと概要の確認 ・基本ケアの内容と捉え方（個人ワーク、グループワークを含む） ・事例の掘り下げ（個人ワーク、グループワークを含む）	4時間
現場実践①	・対象事例の追加情報収集と課題の再確認 ・必要に応じて、ケアプラン、支援内容の見直し案の作成	1～1ヶ月半
第2回研修 （地域別）	・現場実践①の振り返り（事例紹介、実践結果の共有、実践方法の助言） ・全体共有	2時間
現場実践②	・対象事例のモニタリングと追加情報収集 ・必要に応じて、ケアプラン、支援内容の見直し案の作成	1～1ヶ月半
第3回研修 （地域別）	・現場実践②の振り返り（事例紹介、実践結果の共有、実践方法の助言） ・全体共有	2時間
現場実践③	・対象事例のモニタリングと追加情報収集 ・必要に応じて、ケアプラン、支援内容の見直し案の作成	1～1ヶ月半
第4回研修 （全体）	・現場実践③の振り返り（実践結果の共有、実践方法の助言） ・取り組み事例の発表とコメント ・実践状況の総括 ・今後の実践宣言、研修の振り返り（グループワークを含む）	4時間

出典：令和３年度老健補助事業　適切なケアマネジメント手法の策定、普及推進に向けた調査研究事業「『適切なケアマネジメント手法』実践研修プログラム」（日本総合研究所、令和４年３月31日）

これは国際医療福祉大学大学院教授・石山麗子氏、元厚生労働省老健局ケアマネジメント調整官・遠藤征也氏が、品川区介護支援専門員連絡協議会（ケアマネットしながわ）とともに開発した研修課程を、日本総合研究所が厚生労働省老健事業の一環として調査研究事業で実証を重ねた方法です。

この研修内容の特徴は、座学と実践を組み合わせ、それを繰り返すことにあります。つまり、まず講義形式の座学によって本手法の概要やその活用方法を捉えます。そのうえで、研修参加者自身が担当する事例を選定し、その事例を対象にして自己点検を行う演習（個人ワーク）を実施します。こうして自己点検の結果を踏まえて視点の「抜け・漏れ」や、情報収集をより掘り下げる項目を確認し、その項目にしたがって続く実践において、追加の情報を収集するなどの実践を行います。そして、その後の座学では、実践を通じて各研修参加者が気づいた工夫や課題などを共有し、研修参加者どうしで悩みやそれを解決する工夫やノウハウを共有するグループスーパービジョンを行います。このように実践と座学（グループスーパービジョン）を繰り返すことにより、本手法を実践に応用する具体的な方法を体感することができるような内容となっています。

ただし、この連続研修をすべて実施するには相応の期間と負担があります。したがって、ねらいと対象者を絞って、まずは概要理解の講義形式、次いで実践に適応した研修を実施するなど、分割して組み立てることも可能です。

③ 講義形式の展開における工夫

概要の理解を目的として、講義形式を中心として組み立てる場合は、本手法の概要を伝えるだけでなく小規模なワークを組み合わせることで、本手法の特徴である「仮説を考えてから情報を収集すること」、「上位にある基本方針や大項目を意識すること」、「具体的な情報収集の方法を考えること」などを捉えやすくなります。

MEMO

■適切なケアマネジメント手法の策定、普及推進に向けた調査研究事業（日本総合研究所WEBページ）

SCENE 0 導入

SCENE 1 自己点検

SCENE 2 OJT

SCENE 3 研修

SCENE 4 退院時カンファレンス

SCENE 5 サービス担当者会議

　講義形式での研修の展開を効果的なものとするための一般的な考え方として「インストラクショナルデザイン」というものがあります。これは研修受講者が理解を深めやすくなるように、研修の展開のなかに次のような要素を盛り込むと良いというものです。

〈ID（インストラクショナルデザイン）第一原理〉

● 問題：現実に起こりそうな問題に挑戦する

● 活性化：すでに知っている知識を動員する

● 例示：例示がある

● 応用：応用するチャンスがある

● 統合：現場で活用し、振り返るチャンスがある

出典：介護支援専門員実務研修ガイドライン【検討案】（令和4年4月28日介護保険最新情報vol.1073別冊資料1、7頁。）
原典：鈴木克明監修、市川尚・根本淳子編著『インストラクショナルデザインの道具箱101』（北大路書房、平成28年）

　本手法は実践で活用し、多職種連携を円滑にすることを目的とするものですから、研修受講者がそれを実感できるような研修展開とすることが大切です。したがって、この原理に基づけば、例えば「問題」の原理について、インテークで提供される情報を例示し、その限られた情報に基づいて「どのような支援内容の可能性を考えるか」を考えるミニワークを実施してみることが考えられます。

④ 講義形式の展開例

　ＩＤ第一原理を用いた講義展開を想定してみましょう。

ミニワーク（例）

● 問題

例えば以下のようなインテークの依頼を受けたら、どのような支援の可能性、それに紐づく情報収集の可能性をどのように考えますか？

【インテーク時に伝えられた概要】

・ご本人は80歳の男性。妻（75歳）と自宅（マンション3階、EVあり）で2人暮らし、息子は他県だが娘が同じ市内に在住。

・今回、脳梗塞で入院し治療。退院に伴い、初めて要介護認定を申請、要介護2と認定された。

・利き手だった右半身に軽い麻痺があり、食事、服薬、着替えに一部手助けが必要な状況。外出時は車椅子を利用。

・高血圧なので、薬を定期的に飲んでいる。

・妻は要介護ではないが小柄で体力に自信がなく、娘も働いている。

・ご本人も妻も、早く自宅に戻って以前の暮らしに近い形で生活を送りたいと望んでいる。妻は初めての介護で不安も大きいので、介護サービスを活用したい意向がある。

● 活性化・例示

あなたのこれまでの経験知に基づいて、上記の事例で考えられる支援内容をすべて書き出してみましょう。

● 展開

グループワークが可能であれば、各自が考えた支援の例を発表・共有します。自分が気づかなかった視点や項目が何かを確認しましょう。

● 応用

上記で示したあなたの支援内容と本手法の「想定される支援内容」（「参考資料」p94〜110）を照らし合わせ、「基本方針」→「大項目」→「中項目」→「想定される支援内

MEMO

SCENE 0 導入

SCENE 1 自己点検

SCENE 2 OJT

SCENE 3 研修

SCENE 4 退院時カンファレンス

SCENE 5 サービス担当者会議

容」の順にあなたの支援内容に抜け漏れがないかどうか確認しましょう。

筆者作成
（注）本事例はあくまでも筆者作成のものであり、「適切なケアマネジメント手法」に示されているものではないことに留意ください。

　必ずしもこの例題に限る必要はありませんが、普段から接することが多いシーンの1つを挙げ、研修受講者が持っている知見を総動員して（活性化）、考えられる支援内容を書き出してみます。そのうえで、本手法の「想定される支援内容」の項目を改めて読み込み、ミニワークで考えた視点の「抜け・漏れ」に気づくとともに、項目の「基本方針」や「大項目」などの上位の考え方、つまり「なぜそのような支援内容の可能性を想定する必要があるのか」を確認していきます。

　このように具体的な例に即して実際に考えてみてから改めて本手法の項目を見ることで、研修受講者それぞれに、自分がどのような視点の抜け漏れがあったのかに気づきやすくなります。

　視点の抜け漏れに気づくことができれば、その後の講義では、多くの研修参加者が見落としがちな支援内容の必要性や概要を解説するとともに、情報収集の具体的・実践的な方法を解説したりすることで、研修受講者が実践現場で使える工夫を得られるようになります。どのあたりの知見を掘り下げると良いかは、企画する対象者ごとに異なりますので、あらかじめ研修参加者が本手法をどの程度知っているかを掴んでおくと、より良い研修となるでしょう。

　こうした研修を担当する講師は、本手法の内容を手引きなどで知っておくとともに、「自己点検」を自分でもやってみることで、視点の抜け漏れに気づく効果を確認するとよいでしょう。

⑤ グループワーク形式の展開における工夫

グループワークの展開方法にはさまざまなものがあり、研修のねらいや受講者の特性に合わせて、方法を選ぶことが大切です。仮に1グループ5名程度で意見交換するグループワークを想定すれば、その主な特徴は、次の2点といえるでしょう。

(1) 自分の考えを確認できる

自分の思っていることや感じていることを言葉にして伝えることで、自分の考えを確認しやすくなります。例えば、「何となく引っ掛かり、疑問に思うが、何が分からないかいまいち言葉にならない」ようなときに、モヤモヤを言葉にして意見交換すると、疑問を定めることができる効果が期待できます。

(2) 他の人の知恵を知る

あるテーマについて受講者それぞれが、自分の経験から工夫やノウハウを共有することで、他の人の知恵、それもより実践的な知恵を学ぶことができます。地域や事業所で開催される研修であれば、地域の具体的な資源を知ることができ、次の日の実践からすぐに活用できる学びを深められます。

本手法をグループワークに活用する際、本手法を初めて学ぶ研修ならば1点目を、本手法の実践への応用について学ぶならば2点目を意識して組み立てましょう。

例えば、本手法を学ぶ座学形式の研修で質疑の時間の前にグループワークを設けて、「質問を考える」時間を取る方法が考えられます。

また、実践への応用を考えるのであれば、本手法を踏まえた「情報収集の工夫」と「具体的な支援の組み立て方」の2つのテーマで、受講者それぞれの工夫を発表・共有してもらう方法

SCENE 0 導入
SCENE 1 自己点検
SCENE 2 OJT
SCENE 3 研修
SCENE 4 退院時カンファレンス
SCENE 5 サービス担当者会議

が考えられます。

こうしたグループワークを担当する講師は、講義形式を担当する講師と同様に、自分でも「自己点検」をやっておくとよいでしょう。

⑥ 事例に即した研修で得られる視点

ここでご紹介した、事例に基づいて複数回の実践とグループワークを繰り返すような研修は、回数も多く時間もかかり、かつ研修参加者にとっては自分の担当事例で、追加の情報収集を行うなど、負担が大きいのも事実です。しかし、事例に即した研修とするからこそ、研修参加者の理解が深まるだけでなく次のようなメリットが期待できます。

第1に、「より一層掘り下げて捉えることの意義・意味を体感できる」ことです。本手法の想定される支援内容は項目数が非常に多いので、一度に全項目の情報を収集しようとすると負担が大き過ぎます。しかし、1つの支援内容でも良いので、これまで以上に意識的に具体的に掘り下げて情報を収集したり他のサービス事業所等と共有したりすることで、利用者の暮らしの様子を"解像度を高く"捉えられます。ベテランのケアマネジャーにとっては当然やっていることかもしれませんが、初任者にとってはこの感覚を一度掴むことが大切です。1つ経験すると、他の支援内容でも応用しやすくなりますから、まずは1つの支援内容でも良いので、自分が担当する事例に即して掘り下げる経験を得られるのが、実践に即した研修の利点です。

第2に、ともに研修に参加したメンバーでのネットワークが構築されることです。例えば何かの支援内容について掘り下げるには、情報の取り方や声掛けの仕方、あるいは把握した情報からどのように課題を捉えるかの考え方、さらにその課題の解決に資する具体的な支援内容のアイデアなど、たくさんの工夫が必要です。だからこそ、色々な経験と知識を持つケアマネジャーどうしで工夫を共有できる機会が有効です。研修を通じ

て考え方と難しさを共有できる仲間ができること、これも実践
型研修の利点と言えます。

まとめ

・本手法は、ケアマネジャーが情報収集を行う前に持つ仮
　説の知見を体系化したものであり、知識を学ぶ研修で活
　用できます。
・ボリュームが大きいので、ID（インストラクショナル
　デザイン）を活用し受講者が学びやすい組み立てとする
　と良いでしょう。
・実践やその振り返りを交え、受講者の持つ知恵を共有す
　るグループワークを活用することで、実践的な学びを深
　めることができます。

SCENE 0 導入

SCENE 1 自己点検

SCENE 2 OJT

SCENE 3 研修

SCENE 4 退院時カンファレンス

SCENE 5 サービス担当者会議

退院時カンファレンス

■適切なケアマネジメント手法の策定や多職種協働マネジメントの展開に向けた実証的な調査研究事業（日本総合研究所、令和2年3月）

① 退院時カンファレンスでの活用のねらい

　本手法のねらいは多職種連携の円滑化です。退院に際して開催される退院時カンファレンスは、ご本人の在宅生活への移行をスムーズに実現するために重要な多職種連携の場です。退院時カンファレンスは、さまざまな専門職が参加するだけでなく、病棟で治療とケアに当たった多職種と、これからご本人の在宅ケアを担当する多職種との間で情報共有をする場としても重要です。

　退院時カンファレンスの具体的な開催方法は、地域や医療機関によっても異なりますが、医師だけでなく、看護師、リハビリテーション職、介護福祉士、薬剤師や管理栄養士、MSWなど、さまざまな専門職が参加して、本人の病棟での様子や在宅へと移る際の課題や留意点、本人の意向を尊重した在宅生活の実現に向けた工夫を話し合う場です。ケアマネジメントにおける多職種連携の最たる場面の1つと言えるでしょう。

　とはいえ、多くの人が参加する退院時カンファレンスは、検討に割くことができる時間が限られます。したがって、要点を絞って、よりご本人のこれからの生活にとって効果的な打合せとすることが求められます。本手法の「基本ケア」および「疾患別ケア」で整理された「想定される支援内容」を活用することにより、会議に参加する多職種間の視点を合わせやすくし、事前に定めた視点についてはより具体的に掘り下げた検討を進めやすくできます。

　SCENE 4 では、「適切なケアマネジメント手法の策定や多職種協働マネジメントの展開に向けた実証的な調査研究事業」の成果を踏まえ、本手法を退院時カンファレンスで活用する一

例をご紹介します。皆さんの地域での活用の参考になれば幸いです。

② 想定する場面と事前準備

退院時カンファレンスの一例として、複数回開催される退院前カンファレンスのうち2回目（あるいは3回目）と想定し、それまでのカンファレンスなどを経て、退院後を担当するケアマネジャーがケアプラン原案を提案する場面を想定します。つまり、顔合わせとともにその方の状況の概要は初回のカンファレンスで既に共有されており、その結果を踏まえてケアマネジャーが提示するケアプラン原案をもとに、在宅移行に向けた具体的な課題と支援内容をすり合わせるために開催されるカンファレンスの場面を想定するということです。

このカンファレンスには、ご本人やご家族と担当ケアマネジャーに加え、病棟でご本人を担当した主治医をはじめとする各専門職、それに退院後のケアチームメンバーとして訪問介護、通所介護のそれぞれ担当者が参加することを想定しています。

カンファレンスに向けた事前準備として、担当のケアマネジャーは、アセスメントを実施してケアプラン原案を作成するとともに、本手法の「想定される支援内容」に照らして、特にどの支援内容についてカンファレンスで話し合いたいかを整理します。具体的には、ケアプラン原案に位置付けた支援内容のうち、特に今回のケアプランで重要と思われる支援内容について、関連する「想定される支援内容」を整理します。

なお、このカンファレンスに参加する多職種は、病棟のスタッフを含めて全員が、本手法の概要と「基本ケア」および

MEMO ◆

「疾患別ケア」に含まれる想定される支援内容の概略を事前学習している想定です。実際に皆さんの地域における退院時カンファレンスで本手法を活用するには、このように多職種が皆、本手法の概要を知っている状態にすることが課題かもしれませんが、これについては、既に公開されている本手法の解説動画などを活用すると良いでしょう。

③ 検討の進め方と工夫

SCENE 4 で紹介する退院時カンファレンスの場面では、前の項目で示した事前準備が済んでいることを前提として、次に示すような検討の進め方としました。あくまでもこれは今回ご紹介する退院時カンファレンスでの展開例ですので、カンファレンスの展開方法は、地域や医療機関によってさまざまな工夫があると思います。したがって、ここで示す展開例にとらわれずに、これを参考としてご活用頂きたいと思います。

さて、ここに示す検討の進め方でのポイントは次の3点です。第1に、まず療養の方針について病棟医師と在宅医師とのすり合わせを行ってから、ケアプラン原案を踏まえた検討に進むようにしている点です。ここで作成するケアプランは、退院してすぐの時期のケアプランですから、どうしても医療との関わりが大きくなります。ご本人の生命と健康を確保する観点から、まずは療養方針を確認しておいてから、生活の場面での支援内容の検討に移ることで、議論を円滑に進めることができます。なお、療養方針についてこの段階でご本人の確認と同意を改めて得ることも欠かせません。

第2に、担当ケアマネジャーが、ケアプラン原案とともに今日の会議で確認したい事項（論点）を示してから情報共有を進めることです。この場面は2回目以降に開催される退院前カンファレンスの想定だからこそ実現できることでもありますが、始めにケアプラン原案を示し、そこに位置付けられた支援内容のなかでも特にこの会議の場で確認したい事項を定め、それに

沿って会議を進めることで、その方の意向や状況も踏まえて掘り下げた検討を効果的に行うことができます。ここで示す論点は、本手法の「想定される支援内容」をイメージすると良いでしょう。したがって、論点ごとにそれぞれ関連する専門職にも発言していただくような流れとなります。

第3に、可能な範囲で、モニタリングの視点も検討しておくことです。まずは支援内容について、ご本人の意向や病棟での状況も踏まえると、具体的にどのような内容とするのが良いかを詰めるのが大切です。これに加えて、その支援を実施していくに際してご本人のどのような状況を見ておくと良いのか、どのような状況変化が見られたら他の専門職に相談する方が良いのか、といったモニタリングの視点を具体化することで、ご本人が退院された後の変化をより的確にとらえやすくなります。

④ 退院時カンファレンスの展開例

この退院時カンファレンスの展開例で使用する資料は下記の通りです。

> ○病棟からの情報提供資料（例）
> ・退院時サマリー
> ・リハビリテーション計画書とリハビリテーション報告書
> ・地域連携パス
> ・退院に向けた聞き取りシート（退院に際してご本人やご家族に聞き取ったもの。病院の任意様式）
> ○在宅からの情報提供資料（例）
> ・基本情報とアセスメント
> ・ケアプラン原案（第1〜3表）
> ・今回の会議で確認したい事項（ケアプラン原案も踏まえ、担当ケアマネジャーが作成）

また、進行表は次頁の通りです。

MEMO

SCENE 0 導入

SCENE 1 自己点検

SCENE 2 OJT

SCENE 3 研修

SCENE 4 退院時カンファレンス

SCENE 5 サービス担当者会議

時間	セクション		発言者	概要・ポイント
5分	病棟からの説明 （司会：MSW）	概要説明	病棟Dr、 病棟多職種	• 退院時サマリーを用いて状況の概要説明
10分		療養方針の確認と同意	在宅Dr、 本人・家族	• 療養方針に関する在宅Drからの確認 • 療養方針に関する本人の確認と同意
5分	ケア方針案の説明（司会：担当ケアマネジャー）	ケアプラン案の説明	担当ケアマネジャー	• ケアプラン原案の説明 （※特に、想定される支援内容案を説明） • 今日の会議で確認したい事項（論点）を提案
35分		具体的な支援内容の検討	担当ケアマネジャー、本人・家族、在宅・病棟多職種	• 生活の意向に関する本人の意思の確認 • 支援内容の方向性に関するDrや病棟多職種からのコメント • ケアプランにおいて盛り込むべき支援内容（案）の確認 • その人にあった支援内容にしていくための個別化の検討およびモニタリング項目の確認 • 総合的な方針と支援内容、疑問・不安な点についての本人・家族の確認
5分		まとめ	担当ケアマネジャー、MSW	• 担当ケアマネジャーから検討内容のまとめ • 退院後の病院問合せ窓口のご案内

出典：「適切なケアマネジメント手法の策定や多職種協働マネジメントの展開に向けた実証的な調査研究事業」（日本総合研究所、令和2年3月）

SCENE 0 導入
SCENE 1 自己点検
SCENE 2 OJT
SCENE 3 研修
SCENE 4 退院時カンファレンス
SCENE 5 サービス担当者会議

⑤ 模擬カンファレンス

　ここでは、日本総合研究所「適切なケアマネジメント手法の策定や多職種協働マネジメントの展開に向けた実証的な調査研究事業」（令和２年３月）で実施した模擬カンファレンスの展開例と、そこでの多職種によるやり取りの例をご紹介します。

　以下の概要の事例について、退院１週間前（２月21日）に開催された２回目の退院時カンファレンスとの想定です。

事例概要

■基本情報					
氏名	広島直彦（ひろしまなおひこ）	年齢	75歳	性別	男性
要介護度	要介護２（２か月前に認定）	障害高齢者自立		A２	
居住形態	独居、戸建ての一軒家（持ち家）	認知症高齢者自立度		Ⅰ	
性格	もともとアクティブな志向。 社交的であり、積極的に町内会やグラウンドゴルフ、いきいき百歳体操に参加。				
生活の状況	歩いて５分の公園でグラウンドゴルフ、500m先のコンビニによく行く。 スーパーと公民館は自転車５分。				
家族の状況	５年前に妻を亡くし独居、娘が２人（長女は関東、次女は団地の隣区画在住）				
キーパーソン	次女は週２～３回のパート勤務でフラダンスの先生。 中学生と小学生の娘（本人から見て孫）がいる。				
主な病歴	内頸動脈狭窄症、両白内障手術、脂質異常症、不安定狭心症				

■経緯	
８月	胸痛あり受診、薬物治療
９月30日	本人が倒れているのを家族が見つけ救急搬送 Ｙ病院の脳外科に入院（脳梗塞（左被殻））
10月30日	Ｚ病院（回復期リハビリテーション）へ転院
11月30日	認定調査（12月25日認定、要介護２）
２月28日	退院予定

■課題分析標準項目	
健康状態	脳梗塞（左被殻）、右片麻痺、高次脳機能障害（注意障害）構音障害、脂質異常症、高血圧 身長 173cm、体重 63kg、BMI 21.0
ADL	移動：屋内車いすは自立。短下肢装具をつけて4点杖は自立。T字杖は要監視レベル。家の中は手すりを使って伝い歩き自立。屋外は車いすか4点杖いずれも次女介助。 食事：自分で食べられるが食べこぼしあり。嚥下障害あり、水分はトロミ剤使用。滑り止めマット、エプロンやタオル使用。 トイレ：尿意・便意は問題ない。自立。失敗なし。 更衣：時間はかかるが端座位で行い自立。衣服の準備や片付けも自立。 整容/口腔ケア/整容/歯磨き：自立。爪切り左手介助要。 入浴：シャワー浴。浴槽の跨ぎは座位で監視にて行うが、今は右股関節の痛みや心疾患ゆえの疲労感がありしていない。洗体は左上肢が介助要。自宅ではしばらくは次女の介助でシャワー浴を行う予定。
IADL	掃除・洗濯・調理・ごみ出し：次女が行う。 買物：買い物自体は自立。外出は車いすで次女が介助。 整理・物品の管理：自立。 通院：近医の月1回　往診。Y病院の通院3か月に1回は次女の車で行く。 服薬：服薬はカレンダーで行い自立だが、夕方の薬の飲み忘れあり。次女が確認を行う。錠剤は飲みにくさあり、ゼリーを使用。 金銭管理：次女が支援。小遣い程度は自分で行う。 電話・PC：電話、PC使える
認知	入院中は多少日時の混乱等あったが、現在は問題ない。
コミュニケーション	日常的なやり取りに問題はない。聞き取りは注意が向いていないとき、こちらの言い直しが必要。時折言葉が出てこないことや、声が小さくて聞き直しが必要なことあり。
社会との関わり 趣味・特技等	社会活動：以前はグラウンドゴルフやいきいき百歳体操に参加していた。社交的で町内会の行事など地域の活動へも参加していた。
排尿・排便	自立。排尿は、1日約6回（昼4回　夜2回）、便は、2日に1回（マグミット朝・昼）
褥瘡・皮膚の問題	特に問題なし
口腔衛生	義歯はなし。歯磨きは右側奥の磨き残しあり。時折チェックが必要。
食事摂取	自立。食べこぼしあり。自分で気をつけている。
行動障害	なし
介護力	次女が近くに住んでおり、もともと関わりが多かった。次女はパート勤務を週2～3日しているが、できるだけ支援をしたいと考えている。次女の夫も協力的。長女は関東在住のため、相談等は乗っているが、直接の介護に参加は難しい。とりあえず自宅に退院し、次女が1週間程度一緒に暮らして様子をみる予定。
特別な状況	郊外の団地の一軒家、階段1段で幹線道路に出るが、幹線道路は緩やかな坂道。歩いて5分のところに公園があり、グラウンドゴルフを行っている。公民館は自転車で5分程度かかる場所。コンビニが500m先にありよく行っていた。スーパーは自転車で5分かかる。

セクション	議論の内容
病棟からの概要説明、療養方針の確認と同意	• 病棟の各職種から、日常生活動作ごとに現状や在宅での療養方針、留意点について説明を行い、医療相談員が要点をまとめた。 • 病棟Drが運動制限について説明を行った。 • 担当ケアマネジャーから本人と家族へ、病棟からの説明について疑問点がないか確認し、本人と家族が同意を行った。
ケアプラン案の説明	• 担当ケアマネジャーから課題分析標準項目、ケアプラン第1表の説明を行った。
生活の意向と支援の方向性の確認	• 担当ケアマネジャーから本人と家族へ、生活に対する意向の齟齬がないか確認し、本人と家族が回答した。 • 担当ケアマネジャーからケアプラン第2、3表の説明を行い、再発予防、在宅でのリスク、プランに追加すべき点について意見を欲しいと伝えた。 • 在宅Drが再発予防が重要であることに言及した。
具体的な支援内容の検討	• ケアプラン第2表に記載の課題・目標ごとに、具体的な支援内容について各職種から質問、情報提供、助言を行った。 （体調管理） • 在宅Drから服薬の見直しについて質問し、病棟・在宅の各職種から薬の種類や錠数、飲み込み、袋の開封、飲み忘れ防止策を議論した。 • 在宅Drから血圧について確認し、入浴時の確認の水準、在宅での血圧測定について議論した。 （身の回りのセルフケア） • 食事、緊急時の連絡、入浴、屋外の移動、屋内で転倒した際の対応、調理について、本人の現在の身体機能や改善の見通し、転倒等のリスク、家族の負担軽減、自宅内や周辺環境を考慮しながら議論した。 （プランに追加すべき点） • 本人の楽しみを兼ねたリハビリテーションや、本人が不安に思っている睡眠について議論を深めた。 • 具体的には、喉のトレーニングを兼ねて通所リハビリテーションで演歌を歌う、公園でのグラウンドゴルフへの参加に向けて屋外移動やスティックを持つ練習を行う、睡眠剤を徐々に減らして夜のトイレを安全にするなど。
まとめ	• 担当ケアマネジャーが支援内容の追加・改善点と、それに関連した在宅の各サービスの留意点について総括し、全員で合意した。 • 在宅Drが3か月後の会議に触れ、可能であれば病棟側にも参加して欲しいと伝えた。 • MSWが本人と家族に対して、退院後も困ったことがあれば窓口となる自分に連絡して欲しいと伝えた。 • 本人、家族が一言挨拶をした。

SCENE 0 導入

SCENE 1 自己点検

SCENE 2 OJT

SCENE 3 研修

SCENE 4 退院時カンファレンス

SCENE 5 サービス担当者会議

いくつかの場面に沿って、多職種間のやり取りの例をご紹介します。

〈服薬支援に関する意見交換〉

　本手法の「基本ケア」の「想定される支援内容」にも入っており、かつ「脳血管疾患のある方のケア」における再発予防のために想定される支援内容にも位置付けられている服薬を確認できる体制を整える点について、より掘り下げて具体的にご本人にあった支援内容とするための意見交換

ケアマネ　本人　医師（病棟）　看護師（病棟）　作業療法士（病棟）　理学療法士（病棟）　医療相談員

医師（在宅）　看護師（在宅）　薬剤師（在宅）　訪問介護　通所リハ

ケアマネ

お薬を飲めるようにすることは必要だけれども、麻痺の影響があってうまく飲めるかも不安とのお話もあった。薬の数も多いので、お薬の管理の支援を位置付けているが、いかがでしょうか？

薬剤師
（在宅）

お薬の袋を左手で開けられるか、教えていただけませんか？

看護師
（病棟）

いま病棟では、袋を立て掛けて縦において、はさみを使って開けることはできています。

作業療法士
（病棟）

左手を使う練習の一環で、はさみを使う練習もしています。今後も続けていくと良いと思います。

看護師
（在宅）

ご自宅の環境も見ながら、確実にお薬が飲めているかサポートと確認をしたいと思います。状況を見て、ご自身で飲みやすいようにして、飲み忘れがなく管理もしやすい方法を検討したいと思います。

作業療法士
（病棟）

いま病棟ではお薬カレンダーを使っていますが、寝る前に飲むのを
つい忘れてしまいがちです。しばらくは娘さんにもご確認頂ければ
と思いますが、ご自宅のなかで、寝る前に気づきやすい場所、例え
ばベッドの横に置くとか洗面所に置くとか、ご自宅の様子を見て検
討いただきたいです。

〈普段の食事の準備に関する意見交換〉
　普段の生活の継続を支える観点に加え、退院後も継続するリハビリテーションを効
果のあるものとするためにも重要とされる日々の食事をしっかり摂ることに関連し
て、ご本人の「簡単な料理ができるようになって、娘に迷惑をかけないようにしたい」
という意向を踏まえた、食事の準備や食事の状況の確認に関する意見交換

ケアマネ

ご本人のご意向も踏まえ、訪問リハビリテーションでの内容として
料理の訓練を位置付けていますが、いかがでしょうか？

食べるのが好きなのでチャレンジしたい。

本人

作業療法士
（病棟）

今は目玉焼きなどをやっています。火の操作が難しいとのことです
ので、退院してすぐは、始めはレンジを使ったものにしておき、娘
さんが来てご一緒に料理できるときは火を使うなど、段階的に取り
組まれると無理がないと思います。

医師
（病棟）

冷蔵庫の開け閉めのバランスはどうなんですか。

理学療法士
（病棟）

ものを持って移動となると、杖を使いにくいのでバランスを崩しそ
うになってしまう場面があります。

医師
（病棟）

バランスの観点も、在宅での練習が必要でしょう。

SCENE 0　導入
SCENE 1　自己点検
SCENE 2　OJT
SCENE 3　研修
SCENE 4　退院時カンファレンス
SCENE 5　サービス担当者会議

ケアプラン案に位置付けられているように、訪問介護では一緒に料理をして食事の準備をすることを予定しています。ヘルパーが作るのではなくてご一緒にやっていきましょう。ヘルパーが入る日と、娘さんがご一緒する日をうまく組み合わせて、ご負担が小さく続けられるように組み立てたいと思います。

訪問介護

こちらの通所リハでも、時々クッキングをやっていますから、ぜひご参加いただきたいと思います。また、お団子を作るなど季節の行事にも合わせた内容もありますから、無理なく、料理の作業の幅を増やしていきましょう。

通所リハ

良いですね。普段取り組みながら、気に入ったものがあったら是非私にも教えてください。

ケアマネ

はい。色々ありますが取り組んでいきたいです。ありがとうございます。

本人

ぜひ料理は取り組んでもらいたいですが、体調がすぐれないときなどは配食サービスもあるので、知っておくと良いのではないでしょうか。配食サービスへの補助もあるので情報提供させて頂きます。それと、冷凍食品でおかずが整うものも増えています。栄養バランスも考慮して、管理栄養士と相談して、退院までに情報提供したいと思います。お役立てください。

医療相談員

〈本人の好きなことを関連させたリハビリテーションに関する意見交換〉
　本人の意向である「もっとしっかり歩けるようになって公園でグラウンドゴルフがしたい」という意向の実現に向け、当面の家族の介助で公園まで歩くという目標に加え、将来的に本人の意向に近づけていけるようなリハビリテーションの目標設定に関する意見交換

ご本人からも「またグラウンドゴルフがしたい」とお話をお伺いしていましたので、リハビリテーションのなかでもこの実現に向けた内容を位置付けたいと思いますが、具体的にどのような内容だと良いでしょうか?

ケアマネ

医師
(在宅)
グラウンドゴルフは打つスポーツなので、利き手が逆のものを練習するというのは結構大変だと思います。どうやって段階を踏んでいくと良いか、アドバイスありませんか。

通所リハ
スティックを持って歩くのはどうでしょうか。

理学療法士
(病棟)
立ち止まってスティックを持って打つのはできると思いますが、持ちながら歩くのはなかなか難しいと思います。少なくとも今の病棟での状況では無理をしない方が良いと思います。

通所リハ
ありがとうございます。ではまず立って打つ動作を見て、様子を見ながらスティックを持って歩くことも考えたいと思います。

早く右も使えるようになりたいですね。

本人

通所リハ
まずはスタッフが手を添えながら、少しずつできるようにご支援しますね。少しずつ結果が見えると、リハに来てもらうのも楽しみになると思います。無理せず進めていきましょう。
ところで、自宅の出口の階段に手すり等はなかったでしょうか。

理学療法士
(病棟)
事前調査でお伺いした際はついていなかったですね。現時点ではお一人で外出する目標も入れていないので、今後の様子を見ながらになると思います。

通所リハ
うちに来るのは週1回の予定なので、残りをご自宅でどう過ごしていただくかも検討が必要だと思います。
どうやって体力をつけていくか、全体の生活のバランスが大事だと思います。ご本人は、運動は嫌いではないとのことなので、訪問リハとも相談したいと思います。

SCENE 0 導入
SCENE 1 自己点検
SCENE 2 OJT
SCENE 3 研修
SCENE 4 退院時カンファレンス
SCENE 5 サービス担当者会議

理学療法士
（病棟）

病棟では、リハがない時間も自主トレーニングをしていらっしゃいます。自主トレーニングメニューを紙に書いて写真を撮ってもらっています。頑張ってますよね。

はい。

本人

医師
（在宅）

例えば、お孫さんと一緒にできるメニューなどは考えられないですか？

理学療法士
（病棟）

できると思います。さっきの立って打つ動作などは一緒にできるかもしれないですね。
何をやったかは、病棟でもカレンダーに記録をつけていらっしゃいますから、退院後もこれを続けてもらえるよう声かけしていただけると良いと思います。

⑥ 多職種で検討したい事項の絞り方や会議の進め方の工夫

　本手法に含まれる「想定される支援内容」は、「基本ケア」に加えて「疾患別ケア」も合わせると非常に項目数が多いですから、これらすべてを退院時カンファレンスで検討することは不可能です。したがって、事前準備でも触れたように、担当のケアマネジャーが「この事項を検討して欲しい」という、議論のポイントを絞って設定することが大切です。その際、ケアプラン原案に位置付けた支援内容を踏まえてポイントを絞るのは当然ですが、病棟と在宅の両方から多職種が参加する場である点に着目したポイントの絞り方も有効です。

　つまり、病棟でのご本人の様子を掘り下げて聞くことで退院後の支援内容をより具体化できるような支援内容、あるいは1つの支援内容に色々な専門職の視点から助言をもらう余地がある支援内容を取り上げるのです。例えば前項に示したやり取りの例で挙げた、普段の食事の準備が続けられるようにするための工夫や、ご本人の意欲を踏まえたリハビリテーションの目標設定といった支援内容はその一例です。本手法の「想定される支援内容」の項目一覧では、右端に「関連する専門職」が示されていますから、これも参考にし

て多職種が集まる機会だからこそ意見交換をお願いしたいポイントに絞ると良いでしょう。

　もう1つ、多職種間で円滑な意見交換ができるようにするための工夫として、「想定される支援内容」の上位項目を押さえることが大切です。つまり、「基本ケア」における「基本方針」あるいは、各項目一覧における「大項目」や「中項目」、「小項目」を押さえるということです。これらの上位項目は、個々の想定される支援内容が「なぜ、何のために必要なのか」を示しています。例えば、先に示した事例で言えば、「脳血管疾患のある方のケア」の「服薬を確認できる体制を整える」という支援内容を取り上げていますが、この上位項目を見ると再発の予防となっています。つまり、脳血管疾患の再発を予防するために、確実に薬を飲んだことを確認できるような体制をつくる必要があるということです。

　多職種が参加する場ですので、担当ケアマネジャーがケアプラン原案に位置付けた支援内容が、なぜ何のために位置付けたものなのかを分かりやすく端的に説明することで、検討の方向が一致し、具体的な意見交換が可能になります。支援内容の理由を一つひとつすべて考えるのは大変ですが、本手法で整理されている「想定される支援内容」の構造を捉え、これを説明に活用できることも、本手法のメリットの1つです。

> まとめ
>
> ・本手法は、状況に応じて検討すべき「想定される支援内容」と、その必要性などを検討するために収集する情報項目をまとめたものなので、退院時カンファレンスに参加する多職種がこの視点を共有することで、効果的な検討を行いやすくなります。
> ・退院時カンファレンスのやり方はさまざまですが、本手法を活用するならば、関係する医療機関や在宅の多職種が本手法の概要を知り、担当のケアマネジャーが事前準備をしてからカンファレンスに臨みましょう。

サービス担当者会議

指定居宅介護支援等の事業の人員及び運営に関する基準第13条第9号

① サービス担当者会議での活用のねらい

　運営基準にも示されているように、サービス担当者会議は、利用者の状況等の情報を共有するとともに、担当者から専門的な見地からの意見を求める場です。つまり、ケアプランに位置付けたサービスの提供状況の共有や確認も大切ですが、それと同時に、ご本人やご家族の状況の変化を共有して事業所や多職種も含めた多様な視点から検討し、ご本人やご家族の意向を踏まえた生活の継続に向けて、"次に必要となるかもしれない支援内容"を検討する機会でもあります。

　本手法は、高齢者の状況に応じた仮説"あたり"を持ってから情報の収集・整理・分析に取り組めるよう、またそうした情報の収集や共有における多職種連携を円滑に推進できるように関連するアセスメント／モニタリング項目をまとめたものです。

　したがって、初回プランでの最初のサービス担当者会議だけでなく、既に支援が提供され始めているプランでのサービス担当者会議でも、本手法を活用する意味があります。今動いている支援の実行だけでなく、この先に生じ得る支援の可能性を想定し、その必要性を判断するための情報を、専門職や事業所の視点で収集・共有することで、プランの見直しに役立てることができます。

　例えば、ケアマネジャーが自分の担当事例について本手法に基づく自己点検を実施し、視点の「抜け・漏れ」を確認したうえで次の見直しで検討した方が良いと思われる支援内容が見つかった場合、その支援内容の要否を判断するために、ご本人の現在の状況をより掘り下げて把握する必要があります。もちろん、モニタリング面談のときなどに、ケアマネジャー自身がご

本人から追加の情報収集を行っても良いですが、現在実行されているケアプランであれば、ご本人に支援を提供している事業所や関わっている他の専門職とともに情報収集を実施するのも大切です。そして、サービス担当者会議では、まさにそういった「どのような情報を把握したいか」の考えを共有するとともに、収集された情報に基づいて「どのような状況にあるか」を共有する機会にすることができます。

　ここでは、モニタリングでの情報の収集と共有をより効果的なものとするために、本手法をサービス担当者会議で活用する方法をご紹介します。

② サービス担当者会議での活用に向けた事前準備

　初めて担当する事例の初回やそのあとしばらく間があいたサービス担当者会議では、ご本人やご家族が介護を含む生活において、ケアプランに位置付けたサービスに慣れていく段階でもあり、まずは各事業所や関係する専門職から、ご本人の様子を共有したりサービス提供上の課題を共有したりすることが優先されるでしょう。

　したがってSCENE 5 では、ご本人がサービスの利用に慣れてきてある程度状況が安定した段階で、支援内容をより個別化されたものに見直したり、ケアプランの見直しや次のケアプランの検討に向けて必要な情報を収集・共有したりする段階になった頃に、サービス担当者会議において本手法を活用する場面を想定します。

　このような場面で本手法を円滑に活用するには、サービス担当者会議に臨む事前準備として、その事例について、担当のケアマネジャー自身による「自己点検」を終えておくと良いで

しょう（自己点検での活用方法はSCENE 1 **自己点検**をご参照ください）。

　つまり、まず担当のケアマネジャーの立場から視点の「抜け・漏れ」の有無を振り返り、今後検討すべき支援内容や、追加で掘り下げた情報収集をすべき項目を整理してから、それらの情報を多職種で協働して収集する方法や支援の必要性について、サービス担当者会議の参加者の意見を出し合うのです。

　担当ケアマネジャーにとっては、自己点検を実施する分、事前準備の手間が掛かってしまいますが、事前に検討したいポイントが絞られるからこそ、サービス担当者会議での検討を有意義なものにしやすくなるのです。

③　検討の進め方と工夫の例

　前述したような事前準備（担当のケアマネジャーによるその事例の自己点検）が済んでいる前提で、サービス担当者会議での検討の進め方の一例を挙げると、例えば以下のような展開が考えられます。

検討の進め方の例（時間配分などあくまでも一例です）

内容	発言者	時間	概要
（1）開会	ケアマネジャー	―	出席者を紹介し、今日の検討の流れを確認する
（2）意向の確認	ご本人	5分程度	参加しているご本人から望む生活や、支援への意向をお聞きする
（3）支援方針および支援内容の確認・共有	ご本人、ケアマネジャー、サービス事業所、各専門職	10分程度	ケアプランに示した支援の方針をケアマネジャーから説明し確認する。そのうえで、ケアプランに位置付けている支援内容について、サービス事業所から説明・共有する ※1　支援方針や支援内容について、ご本人にも改めて確認していただく

			※2　サービス提供内容について連絡・確認すべきことがあればここで確認する
(4)　モニタリングの視点の共有	ご本人、ケアマネジャー、サービス事業所、各専門職	10分程度	事前準備（自己点検）の結果も踏まえ、モニタリングを通じて把握したい視点（情報項目）を確認、共有する ※1　なぜその情報を掘り下げて確認するのかの理由も併せて説明することで、ご本人やサービス事業所の納得を高めることも重要 ※2　ご本人にもそれらの情報を把握することがなぜ大切なのかをお伝えし、納得いただくことも重要
(5)　ご本人からの相談事項の共有	ご本人、ケアマネジャー	5分程度	ご本人が全体的に抱いている気持ちや希望などを聞き取り、ケアチームメンバーで共有する。
(6)　閉会	ケアマネジャー	—	今後のサービス提供のスケジュールや次回のサービス担当者会議の予定を確認し、閉会する

　サービス担当者会議の開き方やその参加者、時間配分などは、ご本人やサービス事業所の都合などによっても異なるので、必ずしもこのような進め方とは限らないでしょうから、これはあくまでも一例としてご覧いただくとして、大切なことは、ご本人の意向の尊重をまずは押さえておくこと、そのうえでケアプランに位置付けた支援方針や支援内容を確認していくことが重要です。

　このような確認を行ったうえで、本手法に基づく事前準備（自己点検）の結果も踏まえ、「(4)　モニタリングの視点の共有」で、引き続き押さえておきたい情報収集項目を共有すると良いでしょう。その際、単に情報収集項目を共有する（あるいはサービス事業所や他の専門職に情報収集を依頼する）だけでなく、「なぜその情報を掘り下げて確認するのか」の理由を併

SCENE 0 導入
SCENE 1 自己点検
SCENE 2 OJT
SCENE 3 研修
SCENE 4 退院時カンファレンス
SCENE 5 サービス担当者会議

せて共有することが大切です。

　本手法では、想定される支援内容ごとにその支援内容の「概要と必要性」も整理しています。なぜそのような支援内容を想定する必要があるのかを理解したうえで、この事例のモニタリングでどのように状況を把握するのか、あるいは状況把握を支援する体制を整えるかを、ご本人やサービス事業所、他の専門職とともに共有するのが、サービス担当者会議での本手法の活用における、最も重要なポイントです。基本ケアでいうと、下記の自己点検シート(1)②「支援の必要性の判断」の理由を明確に伝えるということになります。

自己点検シート案：基本ケア（SCENE 1 自己点検事例①より）

想定される支援内容				（1）ケアプラン作成時点の判断		
基本方針	大項目	中項目	想定される支援内容	①情報収集 ○：情報収集を行った ×：情報収集を行っていない ⇒全員【設問②へ】	②支援の必要性の判断 ○：支援が必要だと判断した ⇒【設問③へ】 ×：支援は不要だと判断した ⇒【設問④へ】 ▲：検討しなかった ⇒【設問④へ】	③ケアプランへの支援の位置づけ ○：ケアプランに支援を位置付けた ×：ケアプランに支援を位置付けなかった ▲：検討しなかった ⇒全員【設問④へ】
Ⅰ 尊厳を重視した意思決定の支援	Ⅰ-1 現在の全体像の把握と生活上の将来予測、備え	Ⅰ-1-1 疾病や心身状態の理解	1　疾患管理の理解の支援	○	×	
			2　併存疾患の把握の支援	○	▲	
			3　口腔内の異常の早期発見と歯科受診機会の確保	×	▲	
			4　転倒・骨折のリスクや経緯の確認	×	▲	

SCENE 0 導入

SCENE 1 自己点検

SCENE 2 OJT

SCENE 3 研修

SCENE 4 退院時カンファレンス

SCENE 5 サービス担当者会議

④ 検討のイメージ（例）

　前述したようなサービス担当者会議の進め方での、検討のイメージは次のようなものになります。なお、ここでは本手法が関わる「モニタリングの視点の共有」の部分に絞って、やり取りのイメージをお示ししています。

　また、前述の通り、事前準備として担当ケアマネジャーが自己点検を実施している前提でのやり取りのイメージですのでご留意ください。

> 事例
>
> 自己点検の結果、掘り下げた情報収集が不足していたことに気づき、より詳細な情報収集の協力をお願いする事例。

ケアマネジャー　　本人　　かかりつけ医　　訪問介護

ケアマネジャー

さて、ご本人も、これからも住み慣れた自宅で暮らし続けられるように、体調管理には気を付けたいと仰っていますが、そのなかでも大切なお水を普段どのくらい摂っているかについて、これまでにあまりちゃんと確認できていませんでした。これから季節も変わって寒くなっていくので、お食事のことも併せてこれからもう少し具体的にお伺いできればと思います。つい飲むのを控えてしまうと脱水気味になってしまったり、体調にも影響が出たりすることもあるので、無理なく意識して飲めるように工夫したいと思います。
はじめに、かかりつけの先生から、ご本人の水分摂取量で何か気を付けることがありますか？あればご共有をお願いします。

かかりつけ医

水分摂取の制限はありません。むしろ、普段の様子をお伺いしていると、ちょっと不足気味かなというくらいなので、無理のない範囲でもう少し、コップ1杯分くらいで良いから足せると良いですね。

ケアマネジャー

普段どのくらい飲んでらっしゃるか分かりますか？

何杯といわれてもすぐには思い出せないけど、だいたいいつもお茶を飲みますね。食事の時かな。その合間にはあまり飲まないですね。
本人

訪問介護
お茶はご自身で作り置きして、ポットで冷蔵庫にしまってらっしゃいますよね。だいたい2日くらいごとに作ってらっしゃるんでしたっけ？

そうですねぇ。日によることもあるけど、だいたい2日で飲み切っちゃうかな。寒いとあんまり飲まないけど。
本人

ケアマネジャー
1.5Lのポットですね。今の季節は温めてからお飲みになることが多いですか？

今はそうですね。コップに移してレンジで。食事のときに1杯ずつくらいですねぇ。
本人

ケアマネジャー
そうするとやっぱり、できればもう少し水分摂れると良いようにも見えますが、いかがでしょうか？

かかりつけ医
そうですね。食事もしっかり食べられているけれど、毎日もう1～2杯摂っておくと良いですよ。

そんなに飲んだらタプタプになっちゃう。
本人

ケアマネジャー
お茶以外は、普段は飲まないですか？

夏場はね、朝起きたら水を1杯飲んでたよ。寝てる間にのど渇くからね。あと、前は紅茶が好きだったから飲んでたけど、いま手を痛めてやかんから入れるのが大変なんで飲んでないですね。
本人

ケアマネ
ジャー

朝、冷たいのだと飲みにくければ、湯冷ましで常温にしておくと飲みやすいかもしれませんね。お好きだった紅茶も、やかんじゃなくて何かできると良いですね。

訪問介護

前にレンジで温めてたことありませんでしたっけ？

本人

ああ、たまにやるよ。ただレンジの時間が良く分からなくて、一度熱すぎたんだよね。たまに飲みたくなるよ。

訪問介護

今度、ヘルパーさんがお伺いしたときに、良い方法がないか見てみますね。

ケアマネ
ジャー

ありがとうございます。飲みたいのも我慢してらっしゃったんですね。

本人

だって、手が痛いのに無理してやけどまでしたらなんだし。

ケアマネ
ジャー

今度見ていただいて、無理なくやれる方法がないか考えてみましょう。それで変わったらまた教えてください。

⑤ 多職種で検討したいポイントの絞り方や活用の工夫

　SCENE 5 では、ご本人やご家族の状況をサービス事業所や他の専門職と検討するサービス担当者会議の場面で、「次のケアプランの見直し」に備えて、モニタリングでどのような情報を把握・共有する場合に、本手法を活用するのか一例をお示ししました。本手法に整理されている「想定される支援内容」とその必要性、さらに関連するモニタリング項目を、サービス事業所や他の専門職との「共通言語」として活用することで、より掘り下げた状況（あるいはその変化）の共有を円滑に実現することができます。

　SCENE 4 の「退院時カンファレンス」でも触れたように、本手法に含まれる「想定さ

SCENE 0 導入
SCENE 1 自己点検
SCENE 2 OJT
SCENE 3 研修
SCENE 4 退院時カンファレンス
SCENE 5 サービス担当者会議

れる支援内容」は非常に多いので、そのすべてを1回のサービス担当者会議ですべて検討するのは現実的ではありませんし不可能です。サービス担当者会議では、ケアプランに位置付けられた支援の提供状況などの共有に割く時間も必要ですから、本手法をサービス担当者会議で活用するには、担当ケアマネジャーが「議論したいポイント」を整理しておくことが大切です。

　具体的には、事前にケアマネジャーによる自己点検を行い、「抜け・漏れ」があった視点あるいは今後の見直しに向けてより掘り下げた情報を収集しておきたい視点を抽出し、その支援内容がご本人やご家族が目指す生活の実現に向けて、なぜ検討の必要があるのかを、本手法を参照して整理・確認しておくと良いでしょう。事前準備は必要になりますが、サービス担当者会議での検討が、これまで以上により具体的で、よりその方の生活に沿った個別的なものとなる効果を実感できることと思います。ぜひご活用ください。

まとめ

・本手法の「想定される支援内容」は、状況に応じた支援の仮説です。これを起点にして、多職種とともに「なぜ支援の必要性があるか？」「実際の状況はどうなのか？どう変化しているのか？」を話し合いましょう。

・意見交換のための具体的な課題の参考として、「支援の概要、必要性」および「モニタリング項目」を活用して下さい。

参考資料

① 厚生労働省　適切なケアマネジメント手法の策定・普及　WEBページ

　適切なケアマネジメント手法に関連して厚生労働省から発出された事務連絡（介護保険最新情報）がまとめられたサイトです。まずはこちらをご確認いただくとともに、本手法についての情報源として定期的にご確認ください。

　特に、以下の(1)～(4)はぜひご確認ください。

(1)　「適切なケアマネジメント手法の普及推進に向けた調査研究事業（令和２年度老人保健健康増進等事業）」の「手引き」について（情報提供）【その１】

　いわゆる"黄色い手引き"の情報提供に関する事務連絡です。初めて本手法を知る方は、まずはこちらの「手引き」をご覧ください。

(2)　「適切なケアマネジメント手法の策定、普及推進に向けた調査研究事業（令和３年度老人保健健康増進等事業）」の「手引き」等の解説動画公開のご連絡について（情報提供）【その２】

　"黄色い手引き"の各章を、動画で解説したものです。１章ずつ短く編集されていますので、手引きを読むまとまった時間が取れない方や、事業所内での短時間の研修会などで視聴したい方もご活用いただけます。

(3)　「適切なケアマネジメント手法の策定、普及推進に向けた調査研究事業（令和３年度老人保健健康増進等事業）」委員インタビュー動画の公開のご連絡について（情報提供）【その３】

　本手法の策定に携わった有識者および専門職の委員の方々へのインタビュー動画です。本手法の意義や活用方法、さらにはこれからのケアマネジメントへの期待など幅広い視点が得られます。手引きなどで、本手法の概要を学んだうえで、本手法を活用していくこと

の意義や多職種連携での考え方のヒントが得られます。ぜひご覧ください。

【第 1 弾　事務連絡】 【第 2 弾　事務連絡】

【第 3 弾　事務連絡】 【第 4 弾　事務連絡】

⑷ 「適切なケアマネジメント手法の策定、普及推進に向けた調査研究事業（令和 3 年度老人保健健康増進等事業)」の「実践研修」の解説動画公開のご連絡について（情報提供）【その 4 】

　「適切なケアマネジメント手法の策定、普及推進に向けた調査研究事業（令和 3 年度老人保健健康増進等事業)」の「実践研修」の実施方法の解説動画等の公開のご連絡について（情報提供）【その 5 】

　本手法を研修で活用する方法、またその中で自己点検などを具体的に実施する方法の解説動画です。研修で活用しようとする方はもちろん、ケアマネジャー自身による自己点検や、事業所などでのグループスーパービジョンでの活用イメージを持ちたい方も参考になります。

② 日本総合研究所　適切なケアマネジメント手法　関連する事業まとめ　WEBページ

　厚生労働省のサイトからリンクされている"黄色い手引き"や動画をはじめ、一覧表（想定される支援内容とその必要性・概要、関連する情報収集項目をまとめた「項目一覧」)、最も細かく解説を記載している本手法の本編冊子、これまでの適切なケアマネジメント手法の策定と普及に関する調査研究事業報告書など、全ての成果物が掲載されています。

　特に、以下の⑴〜⑸はぜひご確認ください。

(1) 令和 2 年度　適切なケアマネジメント手法　基本ケア及び疾患別ケア
令和 2 年度改訂版
本手法の全ての内容が詰まった本編です。

適切なケアマネジメント手法
基本ケア及び疾患別ケア
令和2年度改訂版

令和 3 年 3 月 31 日
株式会社　日本総合研究所

(2) 令和 2 年度　概要版（項目一覧）
　基本ケアおよび疾患別ケアそれぞれについて、想定される支援内容とその概要及び必要性、関連するアセスメント／モニタリング項目と情報収集において連携すべき専門職を例示した一覧表です。本編の内容を圧縮したものですので、全体を俯瞰して概観を捉えるためにお役立てください。

【基本ケア】

【脳血管疾患Ⅰ期】

【脳血管疾患Ⅱ期】

【大腿骨頸部骨折Ⅰ期】

【大腿骨頸部骨折Ⅱ期】

【心疾患Ⅰ期】

【心疾患Ⅱ期】

【認知症】

【誤嚥性肺炎の予防】

(3) 「適切なケアマネジメント手法」自己点検シート案（基本ケア）

　ケアマネジャーによる自己点検で利用できる自己点検シートです。現時点では、基本ケア用の自己点検シートのみ公開されています。Excelファイル形式になっていますので、選択肢を選んでいくことで文字入力はほとんどなく自己点検を実施できます。

(4) 「適切なケアマネジメント手法」の手引き

　いわゆる"黄色い手引き"です。初めて本手法を学ぶ方は、ぜひまずこちらを一読ください（厚生労働省の事務連絡からもこちらのリンクに飛ぶことができます）。

(5) 「適切なケアマネジメント手法」の概要及び活用について（YouTube動画再生リスト）

　前述した、厚生労働省や日本総合研究所のまとめページからも紹介されている関連動画をまとめた再生リストです。動画をどう探して良いか迷ったらこちらもご活用ください。

③ 「基本ケア」及び「疾患別ケア」 項目一覧

　「基本ケア」及び「疾患別ケア」の「想定される支援内容」の項目を以下に掲載します。

■基本ケア

基本方針	大項目	中項目	想定される支援内容
Ⅰ 尊厳を重視した意思決定の支援	Ⅰ—1 現在の全体像の把握と生活上の将来予測、備え	Ⅰ—1—1 疾病や心身状態の理解	1 疾患管理の理解の支援
			2 併存疾患の把握の支援
			3 口腔内の異常の早期発見と歯科受診機会の確保
			4 転倒・骨折のリスクや経緯の確認
		Ⅰ—1—2 現在の生活の全体像の把握	5 望む生活・暮らしの意向の把握
			6 一週間の生活リズムとその変化を把握することの支援
			7 食事及び栄養の状態の確認
			8 水分摂取状況の把握の支援
			9 コミュニケーション状況の把握の支援
			10 家庭や地域での活動と参加の状況及びその環境の把握の支援
		Ⅰ—1—3 目指す生活を踏まえたリスクの予測	11 口腔内及び摂食嚥下機能のリスクの予測
			12 転倒などのからだに負荷の掛かるリスクの予測
		Ⅰ—1—4 緊急時の対応のための備え	13 感染症の早期発見と治療
			14 緊急時の対応
	Ⅰ—2 意思決定過程の支援	Ⅰ—2—1 本人の意思を捉える支援	15 本人の意思を捉えるためのエピソード等の把握
		Ⅰ—2—2 意思の表明の支援と尊重	16 日常生活における意向の尊重
			17 意思決定支援の必要性の理解
		Ⅰ—2—3 意思決定支援体制の整備	18 意思決定支援体制の整備
		Ⅰ—2—4 将来の生活の見通しを立てることの支援	19 将来の生活の見通しを立てることの支援
Ⅱ これまでの生活の尊重と継続の支援	Ⅱ—1 予測に基づく心身機能の維持・向上、フレイルや重度化の予防の支援	Ⅱ—1—1 水分と栄養を摂ることの支援	20 フレイル予防のために必要な食事と栄養の確保の支援
			21 水分の摂取の支援
			22 口腔ケア及び摂食嚥下機能の支援
		Ⅱ—1—2 継続的な受診と服薬の支援	23 継続的な受診・療養の支援
			24 継続的な服薬管理の支援

		II—1—3 継続的な自己管 理の支援	25　体調把握と変化を伝えることの支援
		II—1—4 心身機能の維 持・向上の支援	26　フレイルを予防するための活動機会の維持
			27　継続的なリハビリテーションや機能訓練の 実施
		II—1—5 感染予防の支援	28　感染症の予防と対応の支援体制の構築
	II—2 日常的な生活の 継続の支援	II—2—1 生活リズムを整 える支援	29　一週間の生活リズムにそった生活・活動を 支えることの支援
			30　休養・睡眠の支援
		II—2—2 食事の支援	31　口から食事を摂り続けることの支援
			32　フレイル予防のために必要な栄養の確保の 支援
		II—2—3 暮らしやすい環 境の保持、入浴 や排泄の支援	33　清潔を保つ支援
			34　排泄状況を確認して排泄を続けられること を支援
	II—3 家事・コミュニ ティでの役割の 維持あるいは獲 得の支援	II—3—1 喜びや楽しみ、 強みを引き出し 高める支援	35　喜びや楽しみ、強みを引き出し高める支援
		II—3—2 コミュニケー ションの支援	36　コミュニケーションの支援
		II—3—3 家庭内での役割 を整えることの 支援	37　本人にとっての活動と参加を取り巻く交流 環境の整備
		II—3—4 コミュニティで の役割を整える ことの支援	38　持っている機能を発揮しやすい環境の整備
			39　本人にとっての活動と参加を取り巻く交流 環境の整備
III　家族等 　　への支援	III—1 家族等への支援	III—1—1 支援を必要とす る家族等への対 応	40　家族等の生活を支える支援及び連携の体制 の整備
			41　将来にわたり生活を継続できるようにする ことの支援
		III—1—2 家族等の理解者 を増やす支援	42　本人や家族等にかかわる理解者を増やすこ との支援
	III—2 ケアに参画する ひとへの支援	III—2—1 本人をとりまく 支援体制の整備	43　本人を取り巻く支援体制の整備
		III—2—2 同意してケアに 参画するひとへ の支援	44　同意してケアに参画するひとへの支援

■脳血管疾患Ⅰ期（病状が安定し、自宅での生活を送ることができるようにする時期）

大項目	中項目	小項目	想定される支援内容
1　再発予防	1－1 血圧や疾病の管理の支援	1－1－1 基本的な疾患管理の支援	1　基本的な疾患管理の支援 ※基本ケアとも重複するが特に留意して実施
		1－1－2 血圧等の体調の確認	2　目標血圧が確認できる体制を整える
			3　家庭（日常）血圧・脈拍等の把握ができる体制を整える
		1－1－3 環境整備	4　室内気温の調整や気温差の改善ができる体制を整える ※基本ケアとも重複するが「リスク評価」結果を踏まえて特に留意して実施
		1－1－4 その他の基礎疾患の把握と適切な食事の提供	5　高脂血症、糖尿病等の個別疾患の管理の支援について別途確認する ※基本ケアとも重複するが「リスク評価」結果を踏まえて特に留意して実施
	1－2 服薬管理の支援	1－2－1 服薬支援	6　服薬管理の支援 ※基本ケアとも重複するが服薬の継続ができるよう特に留意して実施
	1－3 生活習慣の改善	1－3－1 脱水予防	7　必要水分量と日常の摂取量が把握できる体制を整える
			8　適切な水分を摂取することの理解をうながす体制を整える
			9　自ら水分を摂取できるようにする体制を整える
2　生活機能の維持・向上	2－1 心身機能の回復・維持	2－1－1 機能訓練（機能障害の回復・改善に向けて）	10　ADL/IADLの定期的な把握と機能の向上ができる体制を整える ※基本ケアとも重複するが「リスク評価」結果を踏まえて特に留意して実施
	2－2 心理的回復の支援	2－2－1 受容の支援	11　受容促進のための働きかけを行う体制を整える
			12　抑うつ状態の防止、改善が図れる体制を整える
			13　リハビリテーションの継続がなされるよう本人の不安を軽減する体制を整える
	2－3 活動と参加に関わる能力の維持・改善	2－3－1 機能訓練（残存機能の維持・活用に向けて）	14　ADL/IADLの状態の定期的な把握と共有がなされる体制を整える ※基本ケアとも重複するが「リスク評価」結果を踏まえて特に留意して実施

			15　状態に合ったADL/IADLの機能向上がなされる体制を整える ※基本ケアとも重複するが「リスク評価」結果を踏まえて特に留意して実施
		2—3—2 コミュニケーション能力の改善	16　コミュニケーション能力の状況の継続的な把握ができる体制を整える ※基本ケアとも重複するが「リスク評価」結果を踏まえて特に留意して実施
			17　コミュニケーション能力の改善を図る体制を整える（言語訓練、コミュニケーション手段の検討等） ※基本ケアとも重複するが「リスク評価」結果を踏まえて特に留意して実施
		2—3—3 社会参加の機会の確保	18　日常生活（自宅内・自宅外）における役割の回復・獲得がなされる体制を整える ※基本ケアとも重複するが「リスク評価」結果を踏まえて特に留意して実施
			19　外出や交流の機会が確保できる体制を整える ※基本ケアとも重複するが「リスク評価」結果を踏まえて特に留意して実施
			20　新たな価値・機能の獲得がなされる体制を整える
	2—4 リスク管理	2—4—1 食事と栄養の確保	21　必要な栄養量の把握と食事の支援がなされる体制を整える ※誤嚥性肺炎の予防について別途確認 ※基本ケアとも重複するが「リスク評価」結果を踏まえて特に留意して実施
		2—4—2 転倒予防	22　転倒しにくいよう体の機能あるいは環境整備するための体制を整える ※基本ケアとも重複するが「リスク評価」結果を踏まえて特に留意して実施

■脳血管疾患Ⅱ期（病状が安定して、個別性を踏まえた生活の充足に向けた設計をする時期）

大項目	中項目	小項目	想定される支援内容
1　継続的な再発予防	1－1 血圧や疾病の管理の支援	1－1－1 基本的な疾患管理の支援	1　基本的な疾患管理の支援 ※基本ケアとも重複するが特に留意して実施
		1－1－2 血圧等の体調の確認	2　目標血圧が確認できる体制を整える
			3　家庭（日常）血圧・脈拍等の把握ができる体制を整える
		1－1－3 環境整備	4　室内気温の調整や気温差の改善ができる体制を整える ※基本ケアとも重複するが「リスク評価」結果を踏まえて特に留意して実施
		1－1－4 その他の基礎疾患の把握と適切な食事の提供	5　高脂血症、糖尿病等の個別疾患の管理の支援について別途確認する ※基本ケアとも重複するが「リスク評価」結果を踏まえて特に留意して実施
	1－2 服薬管理の支援	1－2－1 服薬支援	6　服薬管理の支援 ※基本ケアとも重複するが服薬の継続ができるよう特に留意して実施
	1－3 生活習慣の維持	1－3－1 脱水予防	7　自ら水分を摂取できることが維持できる体制を整える
2　セルフマネジメントへの移行	2－1 心身機能の見直しとさらなる回復・維持	2－1－1 機能訓練（機能障害の回復・改善に向けて）	8　ADL/IADLの定期的な把握と機能の向上ができる体制を整える ※基本ケアとも重複するが「リスク評価」結果を踏まえて特に留意して実施
	2－2 心理的回復の支援	2－2－1 受容の支援	9　受容促進のための働きかけの確認と継続的な支援体制を整える
			10　抑うつ状態の防止、改善の確認と継続的な支援体制を整える
			11　リハビリテーションの継続がなされるよう本人の不安を軽減する体制を整える
		2－2－2 行動変容の状況の確認と継続的な支援	12　新たな価値・機能の獲得の支援（落胆体験の繰り返し、残存機能と回復機能の限界を見つめることの支援）体制を整える
			13　セルフケアマネジメントに向けたリハビリテーションの継続がなされるよう本人の不安を軽減する体制を整える
	2－3 活動と参加に関わる能力の維持・向上	2－3－1 機能訓練（残存機能の維持・活用に向けて）	14　ADL/IADLの状態の定期的な把握及び共有の確認と継続的な支援体制を整える ※基本ケアとも重複するが「リスク評価」結果を踏まえて特に留意して実施

		15 状態に合ったADL/IADLの機能の向上の確認と継続的な支援体制を整える ※基本ケアとも重複するが「リスク評価」結果を踏まえて特に留意して実施	
	2—3—2 コミュニケーション能力の改善	16 コミュニケーション能力の継続的な把握の確認と継続的な支援体制を整える ※基本ケアとも重複するが「リスク評価」結果を踏まえて特に留意して実施	
		17 コミュニケーション能力の改善支援（言語訓練、コミュニケーション手段の検討等）の確認と継続的な支援体制を整える ※基本ケアとも重複するが「リスク評価」結果を踏まえて特に留意して実施	
	2—3—3 社会参加の機会の維持・拡大	18 日常生活（自宅内・自宅外）における役割の回復・獲得の支援の確認と継続的な支援体制を整える ※基本ケアとも重複するが「リスク評価」結果を踏まえて特に留意して実施	
		19 外出や交流の機会の確保の確認と継続的な支援体制を整える ※基本ケアとも重複するが「リスク評価」結果を踏まえて特に留意して実施	
		20 新たな価値・機能の獲得の支援の確認と継続的な支援体制を整える	
2—4 リスク管理	2—4—1 食事と栄養の確保	21 必要な栄養量の把握、食事の支援の確認と継続的な支援体制を整える ※誤嚥性肺炎の予防について別途確認 ※基本ケアとも重複するが「リスク評価」結果を踏まえて特に留意して実施	
	2—4—2 転倒予防	22 転倒しにくいよう体の機能を維持するための支援の確認と継続的な支援体制を整える	

■大腿骨頸部骨折Ⅰ期（病状が安定し、自宅での生活を送ることができるようにする時期）

大項目	中項目	小項目	想定される支援内容
1 再骨折の予防	1—1 転倒予防	1—1—1 転倒予防	1 転倒した状況や要因の継続的な把握・評価を確認する体制を整える ※基本ケアとも重複するが「リスク評価」結果を踏まえて特に留意して実施
			2 自らの身体機能（反射、視聴覚等）の理解の支援と指導を受ける体制を整える ※基本ケアとも重複するが「リスク評価」結果を踏まえて特に留意して実施
			3 転倒しにくくするための身体機能の向上ができる体制を整える ※基本ケアとも重複するが「リスク評価」結果を踏まえて特に留意して実施
	1—2 骨粗しょう症の予防	1—2—1 服薬支援	4 服薬管理の支援 ※基本ケアとも重複するが服薬の継続ができるよう特に留意して実施
		1—2—2 治療の継続の支援	5 継続的な受診の体制を整える ※基本ケアとも重複するが「リスク評価」結果を踏まえて特に留意して実施
			6 運動・活動の体制を整える ※基本ケアとも重複するが「リスク評価」結果を踏まえて特に留意して実施
2 骨折前の生活機能の回復	2—1 歩行の獲得	2—1—1 歩行機能訓練	7 歩行機能向上のための訓練ができる体制を整える
		2—1—2 心理的不安の排除	8 心理的な不安を小さくするリハビリテーションの継続と生活環境を整備する体制を整える
	2—2 生活機能の回復	2—2—1 ADL/IADLの回復	9 ADL/IADLの定期的な把握と機能の向上ができる体制を整える ※基本ケアとも重複するが「リスク評価」結果を踏まえて特に留意して実施
		2—2—2 食事と栄養の確保	10 必要な栄養量の把握と食事の支援がなされる体制を整える ※基本ケアとも重複するが「リスク評価」結果を踏まえて特に留意して実施
	2—3 社会参加の回復	2—3—1 社会参加の機会の回復	11 日常生活（自宅内・自宅外）における役割の回復・獲得がなされる体制を整える ※基本ケアとも重複するが「リスク評価」結果を踏まえて特に留意して実施
			12 外出や交流の機会が確保できる体制を整える ※基本ケアとも重複するが「リスク評価」結果を踏まえて特に留意して実施

■大腿骨頸部骨折Ⅱ期（病状が安定して、個別性を踏まえた生活の充足に向けた設計と、
セルフマネジメントへの理解の促進を図る時期）

大項目	中項目	小項目	想定される支援内容
1　再骨折の予防	1－1 転倒予防	1－1－1 転倒しないための身体機能の維持	1　転倒した状況や要因の継続的な把握・評価を確認する体制を整える ※基本ケアとも重複するが「リスク評価」結果を踏まえて特に留意して実施
	1－2 骨粗しょう症の予防	1－2－1 服薬支援	2　服薬管理の支援 ※基本ケアとも重複するが服薬の継続ができるよう特に留意して実施
		1－2－2 治療の継続の支援	3　継続的な受診の体制を整える ※基本ケアとも重複するが「リスク評価」結果を踏まえて特に留意して実施
			4　運動・活動の体制を整える ※基本ケアとも重複するが「リスク評価」結果を踏まえて特に留意して実施
2　セルフマネジメントへの移行	2－1 介護給付サービスの終結に向けた理解の促進（自助・互助への移行）	2－1－1 ADL/IADLの確認とセルフマネジメントへの移行	5　ADL/IADLの定期的な把握と機能の向上ができる体制を整える ※基本ケアとも重複するが「リスク評価」結果を踏まえて特に留意して実施
		2－1－2 食事と栄養のセルフマネジメントへの移行	6　必要な栄養量の把握と食事の支援がなされる体制を整える ※基本ケアとも重複するが「リスク評価」結果を踏まえて特に留意して実施
		2－1－3 環境整備	7　自ら活動しやすい環境の整備（室内環境、用具等）ができる体制を整える ※基本ケアとも重複するが「リスク評価」結果を踏まえて特に留意して実施
		2－1－4 社会参加の機会の維持・拡大	8　日常生活における生活機能の回復と支援の終結 ※基本ケアとも重複するが「リスク評価」結果を踏まえて特に留意して実施
			9　外出や交流の機会の拡大、地域交流への参加の体制を整える ※基本ケアとも重複するが「リスク評価」結果を踏まえて特に留意して実施

■心疾患 I 期（退院後の期間が短く、医療との関わりが強い状況にある時期）

大項目	中項目	小項目	想定される支援内容
1 再入院の予防	1－1 疾患の理解と確実な服薬	1－1－1 基本的な疾患管理の支援	1 疾患の理解を支援し、定期的に診察が受けられる体制を整える ※基本ケアとも重複するが特に留意して実施
		1－1－2 服薬支援	2 服薬の必要性や薬の管理を理解し、服薬が確認できる体制を整える ※基本ケアとも重複するが服薬の継続ができるよう特に留意して実施
		1－1－3 併存疾患の把握と療養の支援	3 併存疾患（腎機能の低下にかかわる疾患、糖尿病（糖尿病性腎症）、その他の疾患など）を把握し療養を支援する体制を整える ※基本ケアとも重複するが「リスク評価」結果を踏まえて特に留意して実施
	1－2 自己管理能力の向上とリスクの管理	1－2－1 体重の管理	4 体重管理の重要性を理解し、継続的に日々の体重管理ができる体制を整える ※基本ケアとも重複するが「リスク評価」結果を踏まえて特に留意して実施
		1－2－2 塩分量・水分量のコントロール	5 適切な塩分・水分摂取量が理解できる体制を整える
			6 食事からの栄養の摂取状況を把握できる体制を整える
			7 その人と生活に合った水分の摂取、排泄の状況と変化を把握できる体制を整える
		1－2－3 血圧の管理	8 血圧のコントロールが継続的に実施される体制を整える
		1－2－4 活動制限が守られることの支援	9 活動制限と安静の必要性を本人・家族等が理解し、その制限が守られる体制を整える
		1－2－5 急性増悪の予防	10 感染症の予防の必要性の理解をうながす体制を整える ※基本ケアとも重複するが特に留意して実施
		1－2－6 非日常的な活動のリスクの管理	11 長時間の活動が必要な場合の注意事項の理解をうながす体制を整える
	1－3 療養を続けるための環境・体制の整備	1－3－1 負荷のかかる環境の改善	12 気温差の縮小（居室と廊下、浴室、洗面所、トイレなど）がなされる体制を整える ※基本ケアとも重複するが特に留意して実施

			13　強く負荷がかかるような動作の要因となる環境を把握する体制を整える ※基本ケアとも重複するが特に留意して実施
2　生活機能の維持・向上	2−1 心疾患の状況に応じた生活・暮らし方の支援	2−1−1 活動と参加に関わる能力の維持・改善	14　本人が望む暮らしの意向の把握と活動・参加の状況を維持・改善する体制を整える
		2−1−2 リハビリテーションの実施	15　医療的なリハビリテーションを受けることができる体制を整える
			16　ADL/IADLの定期的な把握と機能の向上ができる体制を整える ※基本ケアとも重複するが「リスク評価」結果を踏まえて特に留意して実施
		2−1−3 入浴習慣の支援	17　入浴習慣や入浴環境を把握し、過度におそれることなく適切な入浴を維持できる体制を整える ※基本ケアとも重複するが特に留意して実施
		2−1−4 休養・睡眠の支援	18　休養・睡眠を確保したうえで、睡眠時の状況の変化を把握して必要な支援につなげられる体制を整える ※基本ケアとも重複するが特に留意して実施
		2−1−5 禁煙の実現の支援	19　禁煙を実現できる体制を整える
		2−1−6 本人・家族等への生活習慣を変えることの支援	20　本人・家族等が生活習慣を変えることを受けいれられるよう支援する
	2−2 心理的な支援	2−2−1 本人・家族等の不安の軽減	21　精神的な不安を把握し、必要に応じて支援する体制を整える

■心疾患Ⅱ期（状態が安定から不安定な状況にある時期）

大項目	中項目	小項目	想定される支援内容
1　再入院の予防	1－1 疾患の理解と確実な服薬	1－1－1 基本的な疾患管理の支援	1　疾患の理解を支援し、定期的に診察が受けられる体制を整える ※基本ケアとも重複するが特に留意して実施
		1－1－2 服薬支援	2　服薬の必要性や薬の管理を理解し、服薬が確認できる体制を整える ※基本ケアとも重複するが服薬の継続ができるよう特に留意して実施
		1－1－3 併存疾患の把握と療養の支援	3　併存疾患（腎機能の低下にかかわる疾患、糖尿病（糖尿病性腎症）、その他の疾患など）を把握し療養を支援する体制を整える ※基本ケアとも重複するが「リスク評価」結果を踏まえて特に留意して実施
	1－2 自己管理能力の向上とリスクの管理	1－2－1 体重の管理	4　体重管理の重要性を理解し、継続的に日々の体重管理ができる体制を整える ※基本ケアとも重複するが「リスク評価」結果を踏まえて特に留意して実施
		1－2－2 塩分量・水分量のコントロール	5　適切な塩分・水分摂取量の理解をうながす体制を整える
			6　食事からの栄養の摂取状況を把握できる体制を整える
			7　その人と生活に合った水分の摂取、排泄の状況と変化を把握できる体制を整える
		1－2－3 血圧の管理	8　血圧のコントロールが継続的に実施される体制を整える
		1－2－4 活動制限が守られることの支援	9　活動制限と安静の必要性を本人・家族等が理解し、その制限が守られる体制を整える
		1－2－5 急性増悪の予防	10　感染症の予防の必要性の理解をうながす体制を整える ※基本ケアとも重複するが特に留意して実施
		1－2－6 非日常的な活動のリスクの管理	11　長時間の活動が必要な場合の注意事項の理解をうながす体制を整える
	1－3 療養を続けるための環境・体制の整備	1－3－1 負荷のかかる環境の改善	12　気温差の縮小（居室と廊下、浴室、洗面所、トイレなど）がなされる体制を整える ※基本ケアとも重複するが特に留意して実施

			13　強く負荷がかかるような動作の要因となる 環境を把握する体制を整える ※基本ケアとも重複するが特に留意して実施
2　生活機 能の維持	2—1 ステージに応じ た生活・暮らし 方の支援	2—1—1 活動と参加に関 わる能力の維 持・改善	14　本人が望む暮らしの意向の把握と活動・参 加の状況を維持・改善する体制を整える
		2—1—2 継続的なリハビ リテーションの 実施	15　必要なリハビリテーションとセルフケアを 継続できる体制を整える
		2—1—3 入浴習慣の支援	16　入浴習慣や入浴環境を把握し、過度におそ れることなく適切な入浴を維持できる体制を 整える ※基本ケアとも重複するが特に留意して実施
		2—1—4 休養・睡眠の支 援	17　休養・睡眠を確保したうえで、睡眠時の状 況の変化を把握して必要な支援につなげられ る体制を整える ※基本ケアとも重複するが特に留意して実施
		2—1—5 禁煙の実現の支 援	18　禁煙を実現できる体制を整える
		2—1—6 本人・家族等へ の生活習慣を変 えることの支援	19　本人・家族等が生活習慣を変えることを受 けいれられるよう支援する
	2—2 心理的な支援	2—2—1 本人・家族等の 不安の軽減	20　精神的な不安を把握し、必要に応じて支援 する体制を整える
3　EOL準 備	3—1 EOL（エンドオ ブライフ）に向 けた準備	3—1—1 末期心不全の EOLケアの対 応・準備の支援	21　末期心不全のEOLケアをどのようにするか の心構えをする支援を行う

■認知症

大項目	中項目	小項目	想定される支援内容
0　ここまでの経緯の確認	0－1 ここまでの経緯の確認	0－1－1 認知症と診断されるに至った経緯の把握	1　支援の前提としての認知症と診断されるに至った経緯の把握
		0－1－2 これまでの医療及び他の専門職の関わりの把握	2　支援の前提としての医療及び他の専門職の関わりの把握
1　本人及び家族・支援者の認識の理解	1－1 本人と家族・支援者の認識の理解	1－1－1 本人や家族・支援者が抱く感情と想いの理解	3　本人や家族・支援者が抱く感情や想いを継続的に捉えることの支援
		1－1－2 本人や家族・支援者の疾患に対する受けとめと認識	4　本人に対する受けとめや理解を深める支援 5　疾患に対する家族・支援者の受け止めや理解を深めることの支援
	1－2 本人と家族・支援者を取り巻く環境の理解	1－2－1 変化していくことを念頭に置いた認知症の総合アセスメントの実施	6　変化していくことを念頭に置いた認知症の総合アセスメントの実施 7　本人を取り巻く人との関係性とその変化の把握
2　将来の準備としての意思決定の支援	2－1 本人の意思決定能力を尊重した意思決定支援	2－1－1 意思決定支援の必要性の理解	8　意思決定支援の重要性への本人及び家族等の理解をうながす支援体制を整える ※基本ケアとも重複するが「リスク評価」結果を踏まえて特に留意して実施
			9　意思決定支援に向けて、本人及び家族等に適切な情報が提供される支援体制を整える ※基本ケアとも重複するが「リスク評価」結果を踏まえて特に留意して実施
		2－1－2 本人の意思を捉えるためのエピソード等の把握	10　本人の意思を捉えるためのエピソード等の把握 ※基本ケアとも重複するが「リスク評価」結果を踏まえて特に留意して実施
	2－2 意思決定支援体制の整備	2－2－1 意思決定支援体制の整備	11　意思決定支援体制を整える ※基本ケアとも重複するが「リスク評価」結果を踏まえて特に留意して実施

3 必要に応じた連携体制の構築	3-1 必要に応じた連携体制の構築	3-1-1 かかりつけ医や専門職等との連携	12 かかりつけ医との連携（※必要に応じて専門医や認知症サポート医等とも連携）
			13 かかりつけ医以外の専門職等との連携
		3-1-2 その他の関係する人との連携	14 サービス事業者や地域の関係する人との連携体制を整える
4 基本的な生活の支援	4-1 日常生活における本人の意向の尊重	4-1-1 日常生活における意向の尊重	15 日常生活における意向の表明の支援 ※基本ケアとも重複するが「リスク評価」結果を踏まえて特に留意して実施
	4-2 一週間の生活リズムを支えることの支援	4-2-1 一週間の生活リズムと変化を把握することの支援	16 本人の生活のリズムの把握 ※基本ケアとも重複するが「リスク評価」結果を踏まえて特に留意して実施
		4-2-2 一週間の生活リズムに沿った生活・活動を支えることの支援	17 一週間の生活リズムに沿った生活・活動を支援する体制を整える ※基本ケアとも重複するが「リスク評価」結果を踏まえて特に留意して実施
	4-3 日常的に参加する役割を整えることの支援	4-3-1 家庭や地域での役割を担い続けるためのADL/IADLの支援	18 本人がこれまでに担ってきた家庭や地域での役割と現在の状況の把握 ※基本ケアとも重複するが「リスク評価」結果を踏まえて特に留意して実施
			19 本人が役割を担い続けるためのリハビリテーションや支援の提供体制の整備 ※基本ケアとも重複するが「リスク評価」結果を踏まえて特に留意して実施
		4-3-2 コミュニケーションを取ることの支援	20 日常生活においてコミュニケーションを取ることの支援 ※基本ケアとも重複するが「リスク評価」結果を踏まえて特に留意して実施
		4-3-3 清潔に関する状況の変化を把握し保つことの支援	21 清潔に関する状況の変化を把握し保つことの支援 ※基本ケアとも重複するが「リスク評価」結果を踏まえて特に留意して実施
	4-4 体調管理や服薬管理の支援	4-4-1 体調の変化を把握し伝えることの支援	22 体調管理の支援 ※基本ケアとも重複するが「リスク評価」結果を踏まえて特に留意して実施

			23　日常と異なる状態の把握とそれを表明することの支援 ※基本ケアとも重複するが「リスク評価」結果を踏まえて特に留意して実施
		4－4－2 服薬支援	24　薬の管理と服薬を一定の水準で継続できるようにする支援体制を整える ※基本ケアとも重複するが「リスク評価」結果を踏まえて特に留意して実施
	4－5 基本的なセルフケアを継続することの支援	4－5－1 水分の摂取の支援	25　必要な水分量の把握と必要な水分量を摂取できるようにする支援体制を整える ※基本ケアとも重複するが「リスク評価」結果を踏まえて特に留意して実施
		4－5－2 栄養の摂取の支援	26　必要な栄養及び日常的な摂取状況（摂取方法を含む）の把握と必要な栄養を摂取することを支援する体制を整える ※基本ケアとも重複するが「リスク評価」結果を踏まえて特に留意して実施
		4－5－3 排泄を続けることの支援	27　できるだけ自立した排泄を続けられるようにすることの支援体制を整える ※基本ケアとも重複するが「リスク評価」結果を踏まえて特に留意して実施
5　これまでの生活の尊重と重度化の予防	5－1 本人の役割の維持・拡充に向けた持っている機能を発揮しやすい環境の整備	5－1－1 その人にとっての活動と参加を取り巻く交流環境の整備	28　活動と参加を通じた周囲の人びととの日常的な交流環境を実現するための支援 ※基本ケアとも重複するが「リスク評価」結果を踏まえて特に留意して実施
			29　その人にとっての快・不快とその変化の状況の把握 ※基本ケアとも重複するが「リスク評価」結果を踏まえて特に留意して実施
		5－1－2 持っている機能を発揮しやすい環境の整備	30　状態に合った活動と参加を実現する環境整備 ※基本ケアとも重複するが「リスク評価」結果を踏まえて特に留意して実施
			31　新たな役割・機能を獲得することの支援 ※基本ケアとも重複するが「リスク評価」結果を踏まえて特に留意して実施
	5－2 合併症や併発しやすい事故の予防	5－2－1 転倒の予防の支援	32　転倒の予防の支援 ※基本ケアとも重複するが「リスク評価」結果を踏まえて特に留意して実施
		5－2－2 誤嚥の予防の支援	33　誤嚥の予防の支援 ※基本ケアとも重複するが「リスク評価」結果を踏まえて特に留意して実施

6　行動・心理症状の予防・重度化防止	6－1 行動・心理症状の状況と背景要因の把握	6－1－1 行動・心理症状の具体的内容を把握する体制の構築	34　行動・心理症状の具体的内容を把握する体制を整える
		6－1－2 本人の不安やストレスの把握	35　本人の不安やストレスの把握
	6－2 背景要因に対する取り組みの支援	6－2－1 背景要因に対する取り組みの支援	36　背景要因に対する対応策の実施の支援
			37　背景要因に対する家族等の理解を深めることの支援
7　家族等への対応	7－1 家族支援に必要なサービスの調整支援	7－1－1 家族等に対する支援の体制の整備	38　家族等に対し相談支援が提供される体制を整える ※基本ケアとも重複するが「リスク評価」結果を踏まえて特に留意して実施
			39　家族等の仕事と生活のリズムが保たれるようにすることの支援 ※基本ケアとも重複するが「リスク評価」結果を踏まえて特に留意して実施
		7－1－2 本人や家族等にかかわる理解者を増やすことの支援	40　本人や家族等にかかわる理解者を増やすことの支援 ※基本ケアとも重複するが「リスク評価」結果を踏まえて特に留意して実施
	7－2 将来にわたり生活を継続できるようにすることの支援	7－2－1 将来にわたり生活を継続できるようにすることの支援	41　将来にわたり生活を継続できるようにすることの支援 ※基本ケアとも重複するが「リスク評価」結果を踏まえて特に留意して実施

■誤嚥性肺炎の予防

大項目	中項目	小項目	想定される支援内容
0 誤嚥性肺炎の予防の必要性の理解	0－1 誤嚥性肺炎の予防の必要性の理解	0－1－1 必要性の理解	1 誤嚥性肺炎の予防の必要性の理解
1 リスクの（再）評価	1－1 リスクの評価	1－1－1 誤嚥リスクの評価に資する情報の収集	2 日常の健康状態や生活状況の継続的な把握と共有
			3 かみ合わせや咀嚼及び義歯の状況等の継続的な把握と共有
			4 誤嚥リスクが疑われる出来事の把握
		1－1－2 誤嚥による肺炎のリスクの把握	5 咳や呼吸、口腔衛生の状況の把握と共有
2 日常的な発症及び再発の予防	2－1 摂食嚥下機能の支援	2－1－1 摂食嚥下機能の改善・維持	6 摂食嚥下機能、発声・発話の維持・改善のための支援 ※基本ケアとも重複するが「リスク評価」結果を踏まえて特に留意して実施
			7 口腔乾燥への支援 ※基本ケアとも重複するが「リスク評価」結果を踏まえて特に留意して実施
	2－2 リスクを小さくする支援	2－2－1 嚥下トラブルなく食事をとることの支援	8 食内容の見直しの支援 ※基本ケアとも重複するが「リスク評価」結果を踏まえて特に留意して実施
			9 食事のとり方や環境の整備 ※基本ケアとも重複するが「リスク評価」結果を踏まえて特に留意して実施
		2－2－2 フレイル予防のために必要な栄養の確保	10 食事内容と栄養摂取状況の把握と改善 ※基本ケアとも重複するが「リスク評価」結果を踏まえて特に留意して実施
		2－2－3 口腔ケアの実施	11 口腔ケアの実施 ※基本ケアとも重複するが「リスク評価」結果を踏まえて特に留意して実施
3 再評価	3－1 リスクの再評価	3－1－1 リスクの再評価	12 一定期間ごとのリスクの再評価
4 変化を把握したときの対応体制の構築	4－1 変化を把握したときの対応体制の構築	4－1－1 変化を把握したときの対応体制の構築	13 短期的な変化を把握したときの連絡・対応体制の事前検討
			14 留意すべき兆候を把握し共有する支援体制の整備 ※基本ケアとも重複するが「リスク評価」結果を踏まえて特に留意して実施
	4－2 入院後の生活復帰の見通しの共有	4－2－1 入院後の生活復帰の見通しの共有	15 入退院時における回復後の生活復帰の見通しの共有 ※基本ケアとも重複するが「リスク評価」結果を踏まえて特に留意して実施

著者紹介

齊木　大（さいき　だい）
　　　　株式会社日本総合研究所　創発戦略センター部長（新事業開発担当）・シニアマネジャー

　2005年、京都大学工学研究科都市環境工学専攻修了。同年、株式会社日本総合研究所入社。介護保険及びケアマネジメントに関わる政策形成やサービス創出に関する調査研究・コンサルティングに従事。2014年4月からは所属を創発戦略センターへ移し、「ギャップシニアコンソーシアム」の設立、要介護状態手前のシニア向けの新たな民間サービスの創出にも取り組んでいる。著書として『課題整理総括表・評価表 活用の実務』（共著、日総研出版、2019年）など。

サービス・インフォメーション

────────────────────────── 通話無料 ──────

①商品に関するご照会・お申込みのご依頼
　　　　　TEL 0120 (203) 694／FAX 0120 (302) 640
②ご住所・ご名義等各種変更のご連絡
　　　　　TEL 0120 (203) 696／FAX 0120 (202) 974
③請求・お支払いに関するご照会・ご要望
　　　　　TEL 0120 (203) 695／FAX 0120 (202) 973

●フリーダイヤル（TEL）の受付時間は、土・日・祝日を除く
　9：00～17：30です。
●FAXは24時間受け付けておりますので、あわせてご利用ください。

場面別でわかる！「適切なケアマネジメント手法」活用ガイド
　　　―国が推進する新スタンダードプロセスの実践―

2023年1月15日　初版発行
2024年4月20日　初版第3刷発行

編　著　株式会社日本総合研究所　齊木　大
発行者　田中英弥
発行所　第一法規株式会社
　　　　〒107-8560　東京都港区南青山2-11-17
　　　　ホームページ　https://www.daiichihoki.co.jp/

ケアマネ手法　ISBN 978-4-474-07943-4　C2036　（4）